COLLECTION
FOLIO HISTOIRE

W0407849

Antoine Prost

Les Anciens Combattants

1914-1940

ÉDITION REVUE

Gallimard

La première édition de cet ouvrage a été publiée
dans la collection Archives,
dirigée par Pierre Nora et Jacques Revel.

Crédits photographiques :
1, 2, 3 : ECPAD/Archives Gallimard. 4 à 28 : Archives Gallimard. 29 : Marine Franck/Magnum Photos.

© *Éditions Gallimard / Julliard, 1977,*
et 2014 pour la présente édition.

Normalien, édition d'histoire, professeur émérite à l'université Paris I, Antoine Prost a dirigé le Centre d'histoire sociale du XXe siècle et consacré de nombreux ouvrages à l'histoire de l'éducation ainsi qu'à la Grande Guerre ; il est président du Conseil scientifique du Mémorial de Verdun et du Conseil scientifique de la mission du Centenaire de la Grande Guerre.

Présentation

Qui sourit des Anciens Combattants manifeste une rare ignorance de ce que furent et la guerre de 1914 et la France de l'entre-deux-guerres.

Non qu'ils aient pesé d'un poids décisif dans la vie politique : on peut en écrire l'histoire sans les rencontrer plus d'une ou deux fois, au détour d'une manifestation à laquelle ils prêtent des troupes. Ils ne nous intéressent pas comme acteurs, mais comme témoins. Leurs réactions, leurs opinions, leur comportement collectif, et d'abord leur existence même, attestent l'ampleur du traumatisme de la Grande Guerre. Ils révèlent en outre des mentalités et des attitudes largement partagées par les Français de 1930. À travers eux s'exprime, dans la société de cette époque, le souvenir durable d'un massacre sans précédent, mais aussi des formes de sociabilité, des convictions morales et politiques, des manières d'être qui semblaient naturelles.

J'ai passé quelques années à étudier les associations de combattants, leurs manifestations et leurs publications. Souvent fastidieuse, comme toute recherche, mais parfois émouvante, cette fréquentation m'a en tout cas convaincu de l'importance de ce mouvement. Elle m'a aussi détrompé : le phénomène combattant diffère profondément de l'image qu'on en donne habituellement. Il n'a rien à voir avec l'esprit militaire, les ligues ou le fascisme. Et d'abord parce qu'il est un mouvement de masse, avec plus de trois millions d'adhérents : la guerre de 1914 fut celle de la nation en armes, et les Anciens Combattants sont à l'image de toute la nation. On rencontre parmi eux quelques réactionnaires autoritaires et quelques révolutionnaires, mais, comme le pays, ils sont dans leur immense majorité républicains, patriotes et pacifistes.

J'écris donc ce livre un peu comme l'archéologue met au jour une métropole ensevelie sous le sable, pour faire découvrir la richesse et la diversité de la vie, là où les passants ne voyaient qu'un monument, simple comme une borne. Trop de gens croient que les Anciens Combattants, ce sont les Croix-de-Feu, parce que ceux-là étaient modestes comme des provinciaux, alors que ceux-ci avaient le sens de la publicité. Je m'attacherai donc en priorité aux aspects du mouvement combattant que néglige une opinion reçue, mais je m'efforcerai de ne pas substituer un simplisme à un autre. En ces quelques pages, je ne pourrai tout dire ni tout prouver, et le lecteur aura parfois l'impression que je lui demande de me croire sur parole. Qu'il se rassure : les insatisfaits ou les sceptiques pourront trouver dans la thèse que je publie ailleurs[1] des développements moins rapides.

Je partirai du souvenir que les combattants ont gardé de leur guerre, pour mieux situer la naissance et la nature des associations dont je dresserai un tableau succinct. Je m'efforcerai ensuite d'étudier ce que faisaient les combattants, quand ils se réunissaient pour une journée. Cette analyse devrait alors permettre de mieux situer les attitudes des combattants envers la patrie, l'armée, la paix et la politique.

1

LA MÉMOIRE DE LA MORT

1. Cette photo a été interdite par la censure.
2. L'accablement : la relève des troupes après le premier choc, Verdun, février 1916.

2

3

3. Cote 344. Un obus à retardement vient d'écraser l'abri de la liaison du 23e RI, 18 novembre 1918.
ECPAD.

4-5. L'imagerie de la peur : le finale de *J'accuse* d'Abel Gance, 1919 (**4**) et *Les Croix de bois* de Raymond Bernard, 1931 (**5**), d'après Roland Dorgelès : Antonin Artaud dans le rôle d'un soldat devenu fou au moment de l'attaque.
Cinémathèque française.

4

6

6-7. Les valeurs combattantes : de la fraternité du front aux associations de mutilés. Freidos, *Solidarité* (**6**). Affiche pour une association de mutilés de la guerre (**7**).

Musée des Deux Guerres mondiales / Université de Paris.

7

LA RÉINSERTION DIFFICILE

8-9. L'ingratitude d'une société : l'indifférence des civils est dénoncée dès 1917. Illustration de Louis Morin, 1917 (**8**). Forain, *La Visite chez l'usurier*, 1916 (**9**).
Musée des Deux Guerres mondiales / Université de Paris.

8 Les blessures, les opérations, c'est rien..... le chiendent c'est les ballades à la recherche d'un hôpital !!!

— Je vous offre encore un délai d'un mois.
— A quoi bon ! Est-ce que, d'ici là, sa jambe aura repoussé ?..

9

10

10-11. Les solutions du désespoir : des mutilés portant médaille mendient.

André Mare, *Les Survivants* (**10**).

Musée des Deux Guerres mondiales / Université de Paris.

Un Ancien Combattant vend des insignes commémoratifs à la sauvette le 14 juillet 1919 (**11**).

Musée des Deux Guerres mondiales - BDIC / Université de Paris.

11

12. Journaux combattants. Dans la France de 1930, presque un homme sur deux est un Ancien Combattant et la moitié des Anciens Combattants adhèrent à des associations.

Bibliothèque nationale de France, Paris.

LA FRANCE MUTILÉE

La Politique des Combattants

AVIS A NOS GOUVERNANTS

Ni un homme, ni un so ni un canon, ni un bateau.

BULLETIN DE L'UNION FÉDÉRALE DES ASSOCIATIONS FRANÇAISES

« Servitude et Loyauté »

La Justice dans notre fo

LE CRAN

ORGANE DE LA SEMAINE DU COMBATTANT

Le Souvenir

Jean THÉBAUD

SEMAINE DU COMBATTANT

Le Béquillard Meusien

« BLESSÉ, JE LUTTE ENCORE »

LE FONCTIONNAIRE ANCIEN COMBATTANT

ORGANE DE LA FÉDÉRATION DES ASSOCIATIONS DE FONCTIONNAIRES ANCIENS COMBATTANTS

Loi de finances du 31 Mars 1932

Une ambassade du souvenir et de l'amitié

COMITÉ FÉDÉRAL

LE POILU DE LA LOIRE

Organe Mensuel de la FÉDÉRATION des SOCIÉTÉS de POILUS de la Loire

CAISSE FOREZIENNE DE RETRAITES

GRÈS FEDERAL

Le Combattant Sanglier

Organe de la Défense des Droits des Mutilés, des Veuves, des Orphelins et des Anciens Combattants des Ard

Bulletin mensuel du Groupement Régional des A.C. (U.N

« Les Sangliers des Ardennes »

LES INJUSTICES

JOURNAL DES Mutilés, Réformés et Victimes de la Guerre

Jamais un bras de chair et d'os n'a valu le bras de bois du Service de Santé

L'APRÈS-GUERRE Unissons-Nous

A PROPOS de la Médaille militaire

UN SCANDALE Et ce sont des Héros !...

OPINIONS La Politique des Mutilés

SIMPLES RÉFLEXIONS Bonne Histoire

L'AMPUTÉ

ORGANE DE LA FÉDÉRATION DES AMPUTÉS DE GUERRE DE FRANCE

Après le 16 Décembre

Le Traquenard

va faire le Sénat ?

LE TRAIT D'UNION

Organe des Sections de l'U.N.C. du Groupe de l'O

PARAISSANT LE PREMIER DIMANCHE DE CHAQUE MOIS

Le Comité d'Entente et les Pensions

Contre l'arbitraire et les vexations

L'ÉLOQUENCE des CHIFFRES

Le Poilu Républicain

Guerre à toutes les Guerres

Organe Officiel de la Fédération Nationale des Combattants Républicains

Mutilés ne recevront pas de bons de la Caisse des Pensions

M. ANTERIOU

Fête annuelle des Combattants Républicains DE SEINE ET SEINE-ET-OISE

13

13. *Vive la guerre*, statuette de Pouvreau-Baldy, lui-même Ancien Combattant, interdite au Salon des Indépendants de 1926 par le préfet de police.
Bibliothèque nationale de France, Paris.

14. Les innocents de Vingré, réhabilités en 1921, ont eu droit à l'hommage du souvenir.
Collection particulière.

15-16. 14 juillet 1919 : à la demande des Combattants, la fête nationale est précédée d'une veillée funèbre (**15**) et la parade de la Victoire d'un défilé de mutilés (**16**).
Bibliothèque nationale de France, Paris.

ANTIMILITARISME ET PACIFISME

15

16

17

18

17. Le monument des Lilas : *Mater dolorosa*.

18. Le souvenir au village : Neuillac, Charentes.

19. Levallois : un combattant brise son épée.

20. « Si vis pacem, para pacem », « Maudite soit la guerre et ses auteurs. » Monument de Saint-Martin-d'Estreaux (Loire).

Collection particulière.

19

20

21

21. Les Gueules Cassées observant la minute de silence à l'Arc de Triomphe. Les Anciens Combattants imposèrent le 11 novembre comme fête nationale à partir de 1922.

Musée des Deux Guerres mondiales - BDIC / Université de Paris.

22. « Cessez le feu. » Vingt ans après Verdun (1936), les Anciens Combattants français, allemands et italiens manifestent leur pacifisme au cimetière de Douaumont.

Bibliothèque nationale de France, Paris.

22

23

24

23. De Vercingétorix à Jeanne d'Arc et au Poilu de 14 : « la France, hier soldat de Dieu, aujourd'hui soldat de l'humanité, sera toujours le soldat de l'idéal » (Clemenceau).
Collection Viollet.

24. Un patriotisme assouvi. Raoul Vion, *Allégorie*.
Musée des Deux Guerres mondiales - BDIC / Université de Paris.

25

L'ANTIPARLEMENTARISME

26

27

28

25. « Ici, on ne parle pas. » Forain raille la Chambre des députés. Forain, *Leurs couloirs*. Collection particulière.

26. Le retour des politiques. « Pour faire la guerre il ne faut pas les mêmes qualités que pour la politique ! – Ah oui ! pour cette dernière les défauts sont suffisants ! » Bibliothèque nationale de France, Paris.

27. Dix-huit ans après : la Victoire mutilée. Dessin de Charlet. Bibliothèque nationale de France, Paris.

28. L'espoir civique. Marianne : « C'est l'union des Anciens Combattants et des jeunes qui réalisera la République de demain. » Dessin de Charlet. Bibliothèque nationale de France, Paris.

29. Les survivants des survivants : Verdun 1916-1976.

Chapitre premier

LE SOUVENIR

Quels souvenirs les soldats qui firent la guerre de 1914 en ont-ils gardés ? Par quels épisodes ont-ils été durablement marqués ? Quelle trace la guerre laissait-elle dans leur mémoire en 1930 ou 1940 ?

L'EXPÉRIENCE DE LA MORT

Avoir risqué sa vie n'est rien : combien de conducteurs frôlent l'accident sur les routes sans en être longtemps impressionnés ? Ce qui marque, c'est de voir la mort de près[1]. C'est la présence obsédante et impossible à chasser de l'imminence de sa propre mort. Les combattants ont vécu des jours entiers, et souvent des semaines, dans une sorte de familiarité ou d'intimité avec la mort : menace incessante, image de tous côtés offerte à voir, émotion contre laquelle on ne s'aguerrit jamais totalement, parce qu'elle ébranle à la fois la raison, les sentiments, et l'instinct le plus viscéral. Le vécu des combattants s'est organisé autour de cette présence constante, « bourdonnante » de la mort,

> d'une mort qui cesse d'être perçue comme un concept, mais tout à coup et continuellement comme une présence aussi réelle que, par exemple, celle d'un frelon qui va bourdonnant tout autour de votre tête, s'éloigne un peu, revient, vous horripile la peau du frôlement de ses ailes et qui, d'un instant à l'autre, peut piquer, va piquer.[2]

L'expérience de la mort est une découverte exceptionnelle, inoubliable, et qui laisse l'homme changé. Impossible ensuite de faire comme si cette rencontre n'avait pas eu lieu.

La mort des autres est une première forme de cette expérience. Le front est un vaste charnier, et les combattants ont vécu parmi des cadavres. Pas de récit de guerre qui ne mentionne quelque macabre rencontre.

Les moins éprouvantes sont celles de restes anciens, d'ossements desséchés, confondus avec la terre même, au point qu'on puisse prendre un tibia pour un morceau de bois et y suspendre sa musette. Les soldats s'efforçaient en effet d'ensevelir ou d'évacuer les dépouilles de leurs camarades touchés dans les tranchées. Mais, entre les lignes, gisaient de nombreux cadavres. Sur eux venait parfois buter le regard hasardé au créneau, et leur odeur fade, « une puanteur plate, amère et glacée »[3], en rappelait parfois la présence. Mais les découvertes les plus impressionnantes attendaient les soldats quand ils montaient en ligne ou descendaient vers l'arrière, dans les boyaux guettés par l'artillerie, lieux de passage où les brancardiers seuls s'occupaient des corps quand ils n'étaient pas débordés. Les relèves découvraient là des spectacles atroces, des cadavres accumulés les uns sur les autres à un passage critique, des lambeaux sanglants, une capote accrochée à un moignon d'arbre. « C'est là que j'ai vu [...] trois soldats tués, sans doute par un obus ; leurs corps ne formaient plus qu'une bouillie sanglante ; c'est une vision que je n'ai jamais oubliée », note, en 1964, un témoin. Un autre évoque ainsi, à la même date, ses réactions et celles de ses camarades devant un spectacle analogue :

> Aussi endurcis que peuvent être des hommes qui ont vu la mort à leur côté sous toutes ses formes, on détourne les yeux. Sans rien dire. Ce n'est que bien plus loin qu'on entend quelqu'un dire, comme pour soi-même : « C'était pas beau à voir, nom de D... »[4]

Pire peut-être était, au cours des relèves nocturnes, le contact physique avec un cadavre, qu'il fallait contourner ou enjamber, et ces boyaux boueux, où l'on marchait parfois sur quelque chose de mou qui était un corps. « Ah, si nos pauvres femmes nous voyaient ! », s'écrie alors d'une voix « rauque et crispée » l'un des territoriaux de Francisque Vial[5], tandis que parfois de jeunes recrues ne peuvent s'empêcher de vomir[6].

Il n'est pas nécessaire de donner dans la description néoréaliste d'horribles charniers, comme le fait Barbusse. Le commandement s'efforçait en effet de les soustraire à la vue des soldats, et bien peu ont vu, comme André Ducasse, des territoriaux décharger à la fourche des tombereaux de cadavres[7]. Ce fut en revanche, pour le commandement, une lourde erreur que de ramener sans cesse les combattants sur les mêmes lignes, où les dépouilles qu'ils retrouvaient étaient celles de camarades qu'ils reconnaissaient, d'amis avec lesquels ils avaient partagé le pain, le vin et le tabac. Montant en ligne, le héros de *La Percée* voit ainsi les corps de soldats de son régiment :

> Favigny et les copains distinguaient sans effort le drap bleu sombre des capotes, la toile bleu sombre ou violacée des couvre-képis et ils savaient. Ils se voyaient vêtus de la même étoffe. Ils se figuraient à la place de ces morts. Évidemment, tout à l'heure, ils seraient tout à fait comme eux.[8]

Et Maurice Genevoix le confirme, un demi-siècle plus tard :

> Retrouver de relève en relève les mêmes objets d'une horreur misérable, c'était sans doute plus terrible que de refaire tête, dans l'absolu, au danger. C'était subir l'impression accablante d'une condamnation à mort sans recours en grâce possible.[9]

Que dire alors des interminables agonies dont les combattants ont été les spectateurs impuissants et fraternels. Voir son voisin de tranchée souffrir, crier, appeler, sangloter, ou se taire, mais vous regarder, comme pour implorer une aide qu'on est incapable de lui apporter, recueillir d'ultimes confidences, navrantes dans leur simplicité, c'était intolérable. On n'oublie pas ces moments-là. En 1964, un cultivateur du Lot, un de ces simples soldats comme il en fut des millions, un témoin qui ne s'est même pas présenté au certificat d'études, se souvient toujours de la mort, dans ses bras, d'un officier :

Bien des fois j'aie enttendu ses appels bien souvent dans mes cauchemard nocturne et mon grand regret de n'avoir pu lui transmettre ses dernières volontés.[10]

Les combattants ont aussi assisté, en spectateurs encore plus impuissants, et pourtant bouleversés, à la mort d'innombrables anonymes, dont les cris seuls et les râles appelaient vainement au secours. En voici un témoignage parmi bien d'autres. Il émane également d'un simple soldat sans grande instruction, et nous en respectons l'orthographe et la ponctuation :

Ce que j'ai trouvé de plus terrible et de plus démoralisant pendant la guerre quand il y avait attaque et contre attaque c'est à dire avance et recule la nuit monter la garde dans un trou d'obus quand il y avait une minute ou deux d'accalmie et de silence, c'était horrible à entendre les blessés des deux camps se plaindre hurler et la nuit calme l'on entend très loing et pas moyen de les soulager à moins qu'il y en ai tout près — notre rôle été de surveiller et d'écouter. Après ces minutes calmes recommence le grondement au loing et ça se rapproche des éclatements le crépitement des mitrailleuses qui souven achèvent les blessés tous ces bruits étouffent les cris des mourants.

Il faut y avoir été pour comprendre ce que c'est d'entendre des plaintes de toutes sortes c'était démoralisant et c'est très long une nuit dans ces sirconstances et l'on pensais demain ce sera peut être mon tour. Je ne trouve pas les paroles assez horribles pour retracer une nuit de garde sur un champ de bataille ou il y a eu avance et recul dans la journée.[11]

La compassion ne se dissocie pas d'une angoisse plus intime. Comme le dit un simple soldat :

On a beau être un homme, quand on voit les camarades de droite et de gauche touchés à mort, on se dit : c'est bientôt mon tour.[12]

La mort des autres renvoie inexorablement le soldat à l'angoisse de sa propre mort, et c'est elle qui constitue la trame même de cette expérience impossible à oublier.

La peur

L'angoisse est particulièrement forte dans l'attaque et sous les bombardements. L'attaque elle-même est à certains égards un dénouement. Une seule chose compte arriver à la tranchée d'en face. C'est ce que Gabriel Chevallier appelle « le sauve-qui-peut de l'attaque » :

Debout sur la plaine. L'impression d'être soudain nu, l'impression qu'il n'y a plus de protection [...]

Notre vie à pile ou face ! Une sorte d'inconscience [...] Les yeux ne distinguent que les détails immédiats du terrain et l'action de courir absorbe les facultés.

Des hommes tombent, s'ouvrent, se divisent, s'éparpillent en morceaux. Des éclats nous manquent [...] On entend les chocs des coups sur *les autres*, leurs cris étranglés. Chacun pour soi. Nous courons, cernés. La peur agit maintenant comme un ressort, décuple les moyens de la bête, la rend insensible.

Une mitrailleuse fait son bruit exaspérant sur la gauche. Où aller ? En avant ! Là est le salut. Nous attaquons pour conquérir un abri.[13]

L'attente de l'attaque est au contraire un moment interminable et éprouvant. Dès qu'ils apprennent qu'ils vont attaquer, les soldats sentent planer sur eux la menace de la mort. Les préparatifs les contraignent à une activité qui les empêche un peu de penser, mais il est des gestes terribles à accomplir, quand on se dit que c'est peut-être la dernière fois : changer de linge par exemple :

Parler à présent serait un sacrilège que personne n'oserait commettre. Cette toilette des condamnés à mort avant l'exécution capitale me fait mal. J'ai subitement envie de pleurer, et je me sauve dans l'escalier pour étouffer un sanglot.[14]

On écrit aux siens, avec une intensité qu'il faut contenir, pour ne pas les alarmer, mais en cherchant à leur laisser le meilleur de la tendresse qu'on éprouve. Un silence étranglé règne, à peine rompu par quelques exclamations de colère. Puis c'est la montée en ligne, avec toujours ce lourd silence, « un silence d'angoisse humaine, crevé de clapotis [...], de jurons »[15]. La véritable attente commence dans les parallèles de départ, quand il n'y a plus rien à faire qu'à compter les minutes jusqu'à l'heure fatidique. L'alcool, distribué dans ces occasions, ne suffit pas à empêcher les hommes de penser :

Ils sont là, livides, les traits tirés, durcis par de nombreuses nuits d'insomnie ; leurs visages mal rasés semblent marqués d'une emprise plus forte qu'eux.

Graves, les plus blagueurs se taisent ; les plus endurcis se recueillent ; tous semblent austères dans leur effort pour dominer la peur qu'ils ont tant de fois matée.[16]

On est bien loin des soldats impatients d'en découdre à la baïonnette, fantoches habituels d'une imagerie patriotique insensible à la véritable grandeur de la situation. La vérité était plus émouvante et plus humaine. Un officier en faisait la remarque pendant la guerre :

Comme j'aime mieux ces hommes que j'ai vus, une demi-heure avant l'attaque, pâles, silencieux, les yeux fixes, prostrés au fond de la parallèle de départ, chaîne tragique de visages effarés.[17]

Chacun s'efforce alors vainement de trouver un réconfort en lui-même, dans ses souvenirs, ses espoirs, sa foi. Beaucoup prient en silence, et nul, fût-ce le libre penseur le plus sectaire, ne songe à s'en moquer. Mais l'angoisse noue toutes les gorges dans l'inaction de l'attente, jusqu'à ce que le déchaînement de l'action en délivre les soldats.

Agir est en effet la meilleure façon — la seule — de dissiper l'angoisse, et c'est ce qui rend si éprouvant les bombardements d'artillerie. Les combattants y étaient livrés aux obus aveugles, sans que jamais leur peur puisse se retourner en action de guerre. L'attente de l'attaque s'inscrit dans un temps déterminé, et l'angoisse y croît jusqu'à l'heure H sur laquelle elle vient inexorablement buter. Bien différent est le temps du bombardement : une durée interminable, et sans terme fixé. Pendant les grandes batailles de la guerre, les obus tombaient sans discontinuer des jours de suite. À voir les camarades tomber, l'évidence finit par s'imposer : l'épreuve ne cessera qu'une fois morts tous les occupants de la tranchée. Il n'y a rien à faire, qu'à souffrir et à attendre, jusqu'à la mort. C'est, au sens propre. un martyre, une « passion ».

Il est bien difficile de faire revivre en quelques pages une peur viscérale, éprouvée tout au long d'interminables heures. Gabriel Chevallier, dans *La Peur*, l'a tenté, mais je trouve son récit un peu trop recherché. Plus vraies et plus authentiques me semblent — c'était aussi le jugement de Norton Cru, ce critique-témoin impitoyable[18] — les pages centrales des *Éparges* de Maurice Genevoix. On me pardonnera de les citer longuement : rien ne les égale dans tous les livres de guerre.

Une seule fois, cette nuit, nous avons éprouvé la même terreur panique, le même arrêt brusque du cœur : un obus venait d'éclater, tout près ; et, comme déjà nous relevions la tête, détendus, un chuintement énorme nous a épouvantés. Richomme et Bouaré ont bramé dans les ténèbres. Et puis nous avons ri, en reconnaissant une fusée égarée, qui partait de travers, à gros bouillon bruissant d'étincelles.

Depuis lors, c'est toujours la même chose. Je demeure accoté à la paroi de la tranchée, une flaque d'eau jaune entre les jambes. Appuyé contre moi, à gauche, Lardin, du seul poids de son corps, a marqué sa place dans la boue ; de l'autre côté, Bouaré me pousse mollement de son épaule inerte [...]

Les obus tombent, autour de Bouaré, de Lardin et de moi. On finit par concevoir cette chute perpétuelle des obus. Notre imagination, nos sens n'étaient pas faits encore à sa mesure, pas au point. Cela vient. Nous sommes réellement là. Lorsqu'on risque un mouvement, notre corps se décolle avec un petit bruit mouillé ; lorsqu'un obus siffle plus court, on se serre davantage sur soi-même, et l'on respire plus large après qu'il a éclaté. Nous avons perdu la notion du temps : le ciel, au-dessus de nous, demeure immuablement gris entre les deux levées d'argile ; par intervalles, une petite pluie glacée les couvre d'un ruissellement triste, et la flaque jaune tremblote entre mes jambes.

Quelquefois, lorsqu'il le faut, je me lève. Cela n'arrive que rarement : même lorsqu'un obus tombe dans l'entonnoir 7 et que jaillissent, noirs sur le ciel, des débris humains qu'on est forcé de reconnaître, qui sont un bras, une jambe ou une tête, je reste collé à la gaine de boue grasse et souple que mon corps a longuement modelée, chaque talon dans son trou, chaque fesse dans son trou. Mais lorsqu'un obus, sans siffler, tombe dans la tranchée du peloton, je me lève. Cela est mieux, bien que cela ne serve à rien. Je vais voir le dos de Legallais, dépouillé, nu et blanc, autour d'une plaie énorme qui ne cesse point de palpiter, et je suppute, regardant cette plaie, ce qu'on y pourrait « faire entrer » […]

Nous regardons la flaque d'eau qui frissonne, les mottes de terre, l'une de toutes ces places précises où tombera forcément un obus. « C'est pourtant vrai… » Nous le croyons. De plus en plus souvent, à mesure que croît notre fatigue, des images fiévreuses jaillissent avec les éclatements : sauter, tout le corps en lambeaux ; retomber sur le parapet, le dos crevé, comme Legallais ; n'avoir plus de tête, la tête arrachée d'un seul coup, comme celle de Grondin, celle de Mémasse, celle de Libron qui vient de rouler chez nous […]

Cela ne nous quitte plus guère ; on se sent le diaphragme serré, comme par une dure poigne immobile. Contre mon épaule, l'épaule de Bouaré se met à trembler, doucement, interminablement.

Puis la nuit tombe, sans que cesse le bombardement, et c'est l'aube d'une quatrième journée qui se lève sur les Éparges :

Un grand balancement de la terre et du ciel à travers les paupières cuisantes ; du froid mouillé ; des choses qu'on retrouve dans l'aube blême, les unes après les autres, et toutes ; personne de tué dans les ténèbres, personne même d'enseveli malgré l'acharnement des obus ; la même terre et les mêmes cadavres ; toute la chair qui frémit comme des saccades intérieures, qui danse, profonde et chaude, et fait mal ; même plus d'images, cette seule fatigue brûlante que la pluie glace à fleur de peau : et c'est un jour qui revient sur la crête, pendant que toutes les batteries boches continuent de tirer sur elle, sur ce qui reste de nous là-haut, mêlé à la boue, aux cadavres, à la glèbe naguère fertile, souillée maintenant de poisons, de chair morte, inguérissable de notre immonde supplice.

Est-ce qu'ils vont contre-attaquer encore ? Ils ne tirent que sur nous : c'est lâche.

C'est ce matin-là que fut tué Porchon, l'ami de Maurice Genevoix. Sur le moment, il ne réagit guère.

Cela ne m'a saisi que longtemps après, dans le creux d'argile mouillée où j'étais revenu m'asseoir, entre Lardin et Bouaré : une froideur dure, une indifférence dégoûtée pour toutes les choses que je voyais, pour l'ignominie de la boue et la misère des cadavres, pour le jour triste sur la crête, pour l'acharnement des obus… Je ne sens même plus ma fatigue ; je ne redoute plus rien, même plus l'écrasement de mes os sous l'une de ces chutes énormes, ni le déchirement de ma chair sous la morsure des éclats d'acier. Je n'ai plus pitié des vivants, ni de Bouaré qui tremble, ni de Lardin prostré, ni de moi. Nulle violence ne me soulève, nulle houle de chagrin, nul sursaut d'indignation virile. Ce n'est même pas du désespoir, cette sécheresse de cœur dont je sens le goût à ma gorge ; de la résignation non plus… Ce n'est que cela : une froideur dure, une indifférence desséchée, pareille à une contracture de l'âme […] Quel sens ? Tout cela n'a pas de sens. Le monde, sur la crête des Éparges, le monde entier danse au long du temps une espèce de farce démente, tournoie autour de moi dans un trémoussement hideux, incompréhensible et grotesque. […]

C'est alors que ce 210 est tombé. Je l'ai senti à la fois sur ma nuque, asséné en massue formidable, et devant moi, fournaise rouge et grondante. Voilà comment un obus vous tue.

Lardin et Bouaré sont tués par cet obus. Maurice Genevoix vit, « absurdement » ; son supplice continue toute la journée, et le lendemain encore. « Oh ! pauvres… pauvres enfants ! », la compassion de la logeuse qui les accueille ainsi, à leur retour à Belrupt en pleine nuit, est la seule attitude qui convienne devant une telle épreuve. C'est celle de la *mater dolorosa* recevant la dépouille du crucifié : la comparaison est faite par un témoin de 1964, qui répondait à l'enquête de Roger Boutefeu sur une carte postale représentant la *Vierge de douleur* de Simon Marmion, au musée de Strasbourg :

La guerre n'évoque en moi aucune idée « cocardière ». Elle n'est pour moi que le symbole ultime de la cruauté et de la bêtise humaine déchaînées dans une folie collective.

Pourquoi alors emploierais-je pour vous écrire une autre figure que celle de cette femme désolée semblant plongée dans une douleur inconsolable après les résultats de la guerre.[19]

Et la compréhension la plus profonde de la guerre est sans doute celle du peintre Rouault, à qui elle inspire les planches du *Miserere*.

La mort donnée

Cette expérience de la mort constitue une sorte de voyage au bout de la nuit, qui marque durablement les combattants. Mais ce n'est pas la seule. Certains ont tué, et cette expérience-là, pour être refoulée au plus profond des consciences, n'en est pas moins lourde à porter. Certes, beaucoup de combattants n'ont jamais tué d'adversaire au sens plein du terme. Les artilleurs et la plupart des territoriaux ne furent guère au contact de l'ennemi. Même parmi les fantassins de première ligne, combien n'ont jamais tiré qu'au hasard, sur un groupe indistinct d'adversaires ? Combien n'ont jamais su que c'était leur balle qui venait d'abattre tel ou tel assaillant. Il reste que certains ont effectivement l'expérience d'avoir donné la mort : ils ont vu leur adversaire, ils l'ont distingué parmi d'autres, et ils l'ont tué d'assez près pour entendre son cri ou deviner son regard. Ils ne sont qu'une minorité sans doute, mais elle n'est pas négligeable, et même s'il fut rare, le combat rapproché a malheureusement existé. Il ne se déroulait pas conformément aux descriptions d'une imagerie inconsciemment sadique, et la baïonnette s'y révélait plus encombrante que pratique, mais ce n'est pas une fiction, et l'on n'oublie jamais que l'on a tué.

Maurice Genevoix, par exemple, a tué deux ou trois Allemands dans un combat de nuit, en septembre 1914. En 1960 il évoque ce souvenir. Il n'a pas vu ceux sur qui il tirait avec son revolver. En revanche :

Les deux cris, si semblables aussi, que mes oreilles retrouvent après plus de quarante années, je les ai réellement entendus dans la nuit de la Vaux-Marie.[20]

Or un détail montre à quel point ce souvenir avait marqué l'auteur : dans la première édition de *Sous Verdun*, il signalait l'épisode et notait : « Ils se sont effondrés avec le même cri étranglé » ; mais dans les éditions ultérieures il a lui-même censuré ce passage, pour le rétablir en 1950 seulement : « tenant pour un manque d'honnêteté l'omission volontaire d'un des épisodes de la guerre qui m'ont le plus profondément secoué et qui ont marqué ma mémoire d'une empreinte jamais effacée ».

Avoir tué laisse un souvenir coupable. La plupart des témoignages s'accompagnent d'une tentative de justification : c'était la guerre, et il le fallait bien, comme si l'on n'avait jamais cessé de se le reprocher. Je n'en donnerai qu'un exemple, celui d'un jeune soldat :

En arrivant au sommet cinq ou six malheureux soldats abrutis par le tir de pilonnage se présentent devant moi, émergeant de leur trou. Dans l'ambiance de l'action je ne pus déceler qu'ils étaient sans armes et qu'ils levaient les bras. Surpris malgré tout, car éloigné de mes camarades j'étais seul, et par un réflexe que je ne pus contrôler, mon doigt appuyé sur la gâchette et le coup de fusil atteignit un des malheureux en pleine poitrine. Ce soldat sans armes et qui se rendait. Ne m'occupant de ses camarades qui se hâtaient de dévaler les pentes pour sauver leur vie, je me penchais sur lui, comme pour lui demander son pardon. Je ne sais si son regard ne contenait un reproche. Je n'osais le regarder dans ses yeux de mourant. De sa main crispée sur sa poitrine trouée, il cherchait à en arrêter le sang qui jaillissait par saccades. Il eut encore assez de vie pour sortir de la poche intérieure de sa vareuse un porte-document qu'il me tendit. Je me hâtais de l'ouvrir, des photos m'apparurent. Une femme très jeune, deux enfants de quelques années. Je compris son geste et par là son désir. Je lui fis comprendre que ces photos seraient expédiées à sa famille. Il m'approuva des yeux. Je voyais déjà l'ombre de la mort sur ses traits. Je portai mon bidon à ses lèvres et dans un dernier sursaut il mourut dans mes bras.

Le spectre de ce mort m'est souvent apparu. Je

rejette la responsabilité des faits sur d'autres que moi-même, car soldat à dix-huit ans il eut fallu d'autres exemples. Hélas, il n'appartient aux humains, quels qu'ils soient, de faire les guerres avec un esprit d'humanité...[21]

Il n'est pas naturel de tirer sur un autre homme, et ceux qui l'ont fait ne parviennent pas à ne pas se sentir coupables. Dans la réprobation qui entoure la guerre, même si le remords n'est pas explicite, on devine toujours la conscience d'avoir transgressé un interdit fondamental. La guerre est barbare dans sa réalité quotidienne : massacre, carnage, boucherie. Elle l'est surtout parce qu'elle contraint à enfreindre l'un des principes constitutifs de toute civilisation : « Tu ne tueras point. » Peu importe alors si quelques combattants ont ou non éprouvé une sorte de plaisir primitif à tuer, comme certains le soutiennent pour accroître encore l'horreur de la guerre, ou s'ils ont seulement fait leur métier : ce métier était coupable. La répugnance envers la guerre n'est pas seulement le refus d'une angoisse vitale : c'est aussi la protestation de la morale.

L'APAISEMENT DES SOUVENIRS

L'expérience majeure de la mort, dans l'angoisse et la compassion comme dans le remords, n'est pas de celles qu'on puisse communiquer. Elle marque les combattants, et elle les met à part des autres hommes. Ils en eurent aussitôt conscience. « J'étais voué, parmi des hommes voués », rappelle Maurice Genevoix[22]. Jean Bernier prévient : « Celui qui n'a pas compris avec sa chair ne peut vous en parler. Vous-mêmes, m'ayant lu, vous ne comprendrez pas »[23], et Norton Cru lui fait écho : « C'est avec notre chair que nous avons compris la guerre. »[24] Aucune représentation, si chaleureuse qu'elle soit, n'épouse l'intensité affective d'une telle expérience. Même quand nous réussissons à être émus — il le faut — à la pensée de ce que fut la guerre pour ceux qui la firent, nous ignorons irrémédiablement les élans et les tressaillements intimes qui donnèrent à ce vécu, dans l'instant, sa richesse et sa force. Chez les combattants, le souvenir ne se dissocie pas d'une sorte d'ébranlement physique. Un demi-siècle plus tard, ils sont encore pris par l'émotion, quand ils évoquent leurs souvenirs :

> Longtemps encore je revivais, la sueur au front, cet affreux et long martyre. Aujourd'hui encore, c'est avec le front moite et le cœur plein d'amertume que je termine ce récit.[25]

Aussi l'apaisement — un apaisement relatif — fut-il lent à venir. Pendant la guerre et l'immédiat après-guerre, l'expérience de la mort était trop proche pour qu'on l'évoque. Les combattants n'en parlent pas. Norton Cru s'en étonne, à propos de Dorgelès et de Barbusse : comment ont-ils pu passer sous silence « ce qu'il y a de plus terrible dans la vie du soldat »[26] ? De fait, tous les livres de guerre écrits « à chaud » sont muets sur l'angoisse du soldat. Ils insistent sur la différence radicale qui sépare les combattants de ceux qui n'ont pas fait la guerre, sans décrire l'expérience majeure. L'entreprise, il est vrai, leur semble impossible gageure. Ils désespèrent de faire réaliser à d'autres ce qu'ils ont vécu. Mais c'est aussi pudeur vraie : l'expérience est trop intime pour être galvaudée. On peut parler de la faim, du froid, de la boue, des rats et des poux, mais pas de choses aussi personnelles que l'angoisse : « Les misères matérielles sont les seules qu'il [le soldat] puisse décemment avouer. »[27] Surtout, les combattants sont prisonniers de l'attente des civils : ils ne peuvent dire que ce que ceux-ci acceptent d'entendre. Le mensonge ou le silence sont alors la seule alternative. Ils mentent parfois pour de mauvaises raisons : pour flatter le patriotisme cocardier qui fait d'eux des héros. Georges Scott, le dessinateur qui donnait à *L'Illustration* tant de couvertures héroïques, écrit par exemple à Barbusse : « Ce n'est que de l'imagerie. Ce que je fais pour moi, pour après, vous verrez, est bien différent. »[28] Tous les récits de guerre évoquent ce conflit dans l'épisode classique de la permission : ce que les poilus ont à dire cadre si mal avec ce que l'on attend d'eux que beaucoup mentent pour faire plaisir à ceux qui les imaginent héroïques et impatients d'en découdre :

À toutes les concessions que nous avons déjà consenties à la guerre, nous ajoutons celle de notre sincérité. Notre sacrifice ne pouvant être estimé à son prix, nous alimentons la légende, en ricanant.[29]

Mais il y a aussi de bonnes raisons de mentir : la volonté de rassurer ses proches. Alain en fait grief à ses anciens élèves :

J'ai lu beaucoup de ces lettres dites admirables, et admirables en un sens ; quelques-unes adressées à moi par de jeunes amis bien chers, et tous tués ou peu s'en faut. [...]

Vous avez couru plus vite que le destin, rassemblant vos forces d'homme et composant une belle figure d'innocent condamné et marchant au supplice. Mais pourquoi vouloir me consoler moi ? Pourquoi ne m'avoir pas dit après cela que vous aimiez la vie, et qu'il vous a été dur de la donner. Il fallait laisser ce reproche à tous. « Seigneur, pourquoi m'avez-vous abandonné ? » Vous deviez être sévères un peu, et justes avant tout. Et vous n'aviez pas le droit peut-être de consoler en mentant, même aux femmes. Ce mensonge peut tuer encore un million de jeunes hommes avant dix ans.[30]

Il fallut dix années, environ, pour que les souvenirs se décantent, et que les combattants commencent à évoquer leur guerre. Ils le font d'abord par les côtés les plus superficiels, les plus anecdotiques. C'est en 1931 seulement que le plus important journal de combattants ouvre ses colonnes à des récits de guerre, pour des billets sans émotion forte, où l'on évoque les rats, les poux, le pinard[31]. La même année, Alain entreprend de rédiger ses souvenirs et de dire les choses « moins strictement, moins sévèrement, dans le mouvement du récit, et premièrement pour mon plaisir »[32]. À la même époque, André Bridoux publie ses *Souvenirs du temps des morts*. Il y note :

Pour le soldat, l'apaisement fut long à venir, car le désordre de son âme survécut à la guerre [...] au sortir de l'armée, la vie l'accueillit mal, et ce retour au civil, tant souhaité aux heures de péril, fut une source de déceptions nouvelles, d'aigreur et de désespoir quelquefois ; il fallut, pour gagner sa vie, se remettre à des métiers ennuyeux, avec le sentiment très pénible qu'on y était considéré comme un revenant importun. L'existence a repris pourtant, et voilà que dix ans sont passés ; c'est bien le temps qu'il fallait pour que les pensées commencent à s'éclaircir.[33]

Le meilleur témoignage sur cette lente décantation des souvenirs est celui de Maurice Genevoix, dans un livre publié à tirage limité et sous un titre énigmatique, sauf pour les combattants : *H.O.E.*, initiales des hôpitaux d'opération et d'évacuation. Il y décrit sa propre réadaptation à la vie civile au travers d'un dialogue renoué entre deux amis, à la fin d'un banquet d'anciens élèves du lycée. Pour la première fois, dans une telle circonstance, il revient à un combattant de prendre la parole au dessert. S'adressant familièrement à l'un des convives, il lui rappelle la surprise que celui-ci avait manifestée en le retrouvant. Il avait été frappé par sa sobriété, sa retenue, une étrange pudeur secrète, pas dédaigneuse le moins du monde, et qui pourtant donnait à sa parole quelque chose d'un peu raide, d'un peu froid… Est-ce vrai, tu espérais plus de chaleur et d'abandon. […] Est-ce ma faute si je sens avec cette force poignante que telles réalités demeurent inconnaissables à qui ne les a pas vécues.

Pendant qu'il parle, les anciens élèves qui ont fait la guerre se sentent rapprochés. Mais Maurice Genevoix note :

Quelques années plus tôt, en même temps que ce choc sur nous, aussi net et brutal que la pesée d'une chaîne, nous aurions éprouvé la sensation de notre isolement. Rapprochés, retranchés du même coup : en dehors de nous tous les autres, toi, les vieux hommes, les jouvenceaux, tous les hommes dont la vie n'avait pas, un interminable moment, culbuté dans cet enfer, dans ce cauchemar de gadouille et de sang […]

Aujourd'hui, pour la première fois, mon émotion toujours aussi violente, m'a laissé au milieu de vous autres. Elle a perdu ce goût d'accablante impuissance, cette pesanteur de désespoir dont elle était naguère inséparable.

Le banquet terminé, Maurice Genevoix raconte à son ami sa vie depuis l'hôpital. Et il conclut :

Dix ans, les gars… Il vous aura fallu dix ans pour comprendre — à quel horrible prix — que la guerre était bien finie. Et c'était ça la paix, pour l'un, pour l'autre, pour chacun dans sa nouvelle misère, dans sa solitude de pauvre homme. Dix ans, ami, nous aurons guéri assez vite. On aura quand même travaillé, survécu, repris courageusement son âge.[34]

L'apaisement qui semble ainsi refermer les cicatrices, au bout d'une dizaine d'années, ne rend pas les combattants beaucoup plus bavards sur ce qui les a marqués dans la guerre. Certes, il en est d'intarissables, mais ils sont rares : la discrétion l'emporte de beaucoup. Il arrive même qu'on le leur reproche, comme cette jeune fille, pupille de la nation, qui présentait au congrès de l'UF, en 1930, un rapport sur la jeunesse. Pour elle, les combattants sont responsables d'un malentendu entre eux et les jeunes :

Les anciens combattants n'ont rien fait pour qu'on connaisse mieux leur vie pendant les années de guerre. Ils retranchent de leur vie ces années qui ne leur rappellent que des souffrances, ou, quand ils les évoquent, ils écartent toute précision pénible.[35]

La décantation des souvenirs permet en revanche aux combattants de dresser leur bilan. Avec le recul du temps, ils découvrent mieux en quoi la guerre les a changés.

L'ÉPREUVE DE SOI

Un premier sentiment se fait jour : la fierté. Une fierté modeste, mais assurée. L'expérience de la guerre a constitué une épreuve, au double sens du terme : éprouvante, mais aussi probante. Jean Guéhenno le dit fort bien :

> Le vrai drame se passa dans l'âme, [...] Il nous a été impossible d'ignorer ce que nous valions devant la mort.[36]

Dans l'ensemble, l'expérience est positive. Elle laisse les combattants confortés. Un témoin l'exprime avec simplicité, en 1964 :

> Messieurs,
>
> Ce n'est pas avec un réel plaisir que je réponds à l'appel de votre journal, car ces souvenirs du passé sont souvent encore pénibles malgré la petite fierté qu'ils provoquent.[37]

Cette « petite fierté » n'est pas une gloriole cocardière. Elle n'est point orgueil collectif, vanité d'appartenir à une armée ou une nation victorieuse. C'est un sentiment tout personnel, intime, une assurance intérieure, une estime que l'on s'accorde à soi-même. Les combattants savent désormais qu'ils ne sont pas lâches. Ils ne se prennent pas pour des héros, et ils se seraient bien dispensés de l'épreuve : mais enfin, ils ont fait cette expérience sans équivalent, et ils n'y ont pas été inférieurs. André Bridoux le note justement :

Les pires aventures ne laissent pas de rancune contre l'existence si l'on a pu trouver le courage d'y tenir ferme. Bien plus, on se plaît toujours au souvenir d'un passé sous lequel on n'a pas fléchi [...]

Ainsi la qualité de nos souvenirs est liée à la qualité d'âme dont nous avons fait preuve en les recueillant, et le plus grand bienfait du courage est, sans doute, de nous préparer pour l'avenir le bonheur de nous remémorer.

D'où un conflit presque dramatique, dans l'âme du survivant,

entre sa raison qui se refuse même à concevoir le retour des épreuves de la guerre, et sa mémoire, où ces épreuves, loin de paraître exécrables, deviennent chères de plus en plus, par le reflet de la vaillance et de la jeunesse qu'il fallut pour les surmonter.[38]

On s'explique ainsi l'apparente contradiction des combattants qui rappellent inlassablement l'horreur de la guerre, et cependant l'évoquent parfois ou la racontent avec une sorte d'attendrissement. Ils ont dû trop prendre sur eux-mêmes autrefois, pour renier celui qu'ils furent. Ils conservent à la fois le souvenir de la situation qui leur fut imposée et de la façon dont ils y firent face. Ils affirment donc simultanément que la guerre est un ignoble massacre, qu'il faut l'éviter à tout prix, mais qu'eux-mêmes s'y sont montrés dignes d'estime. La condamnation catégorique de la guerre s'accompagne d'une fidélité à ce que l'on fut. Le combattant n'est pas un militaire qui fait l'éloge de la guerre ou des vertus guerrières, c'est un homme qui refuse de rayer de sa vie, comme si elle n'avait jamais existé, une expérience qu'il n'a pas cherchée, qui a compté pour lui, et dont il n'a pas lieu de rougir.

La fidélité du souvenir est aussi respect d'autres découvertes, simples mais fondamentales. Les combattants aiment la vie :

Ce n'est pas la mort qui est sainte, c'est la vie.[39]

Que mourir soit le sort le plus beau, cela n'est pas vrai. Le sort le plus beau, c'est de vivre longtemps et d'être heureux.[40]

L'amour de la vie répond à l'angoisse. C'était une réaction normale, au sortir des tranchées bombardées. Voici un sergent, relevé après quatre journées dans un trou boueux, sous le bombardement :

Alors, réaction imprévue, mes forces m'abandonnent. Je me laisse tomber sur un petit talus.

Je n'en puis plus. La joie de vivre me terrasse. Doucement, je me mets à pleurer.[41]

Et André Ducasse, redescendant des tranchées :

Le goût de la vie revenait et pénétrait dans nos poitrines… La vie était bien cet élan puissant et mystérieux, plus fort que toutes les épreuves.[42]

C'est là réaction instinctive du rescapé. La chair peut enfin respirer. C'est

une sensation de vie qui monte de votre organisme devant les cadavres des autres. […] L'instinct de vie, violemment, monte des entrailles.[43]

« Nous vivons ! »

Mais ce diagnostic de médecins ne restitue pas la chaleur bouleversante des retrouvailles avec la vie. Il faut laisser parler les rescapés :

Nous vivons ! Ô Mânes des camarades tombés, pardonnez-nous ! Nous vivons, le carcan d'acier qui nous étranglait tous ces jours est ouvert. Nous voulons jouir de l'heure, jouir du bonheur de vivre… Regardez-nous ! Voyez tous ces hommes ! Leurs yeux brillent, leurs faces ne sont plus pâles… ils sont debout, ils respirent. Ils sont comblés.[44]

Quelques années après la guerre, l'amour de la vie s'exprime de façon moins lyrique. Mais cela reste pour les combattants une de leurs découvertes majeures :

Cette aspiration à la vie fut vraiment le plus profond et le plus constant de nos sentiments [...] celui qui était le moins concevable aux civils et aux soldats abrités. La raison en est que la vie est un privilège dont nous jouissons sans nous en rendre compte jusqu'au jour où, à la guerre, nous tombons sous la menace de la mort, menace répétée, de plus en plus redoutable à mesure que nos chances semblent s'user et se réduire. La vie se révèle alors au soldat comme le don suprême, celui sans lequel plus rien ne compte ; elle se parait à nos yeux de beautés inconnues, elle était infiniment désirable et nous en venions à concevoir le bonheur absolu dans la condition de l'homme tout simplement vivant et assuré de rester en vie par la même assurance que nous avions en temps de paix.[45]

Le « bonheur incontestable d'en être sorti » fait apprécier de façon neuve et puissante des plaisirs élémentaires : André Bridoux le note chez ses camarades :

Leur envie de vivre s'exaspérait à la pensée d'une mort possible, peut-être prochaine ; repoussant cette idée, ils prenaient l'habitude de jouir du présent, de profiter du moindre repos, du moindre bonheur comme d'un cadeau.[46]

Jean Bernier le note également, en voyant ses camarades boire et manger placidement, à la veille d'une attaque :

Avant la guerre, la joie du corps était beaucoup pour eux ; maintenant elle est tout. Elle est aisée à atteindre, elle apaise, ne déçoit pas.[47]

Voici encore deux témoignages. Le premier est de Jean Marot :

Nous ne savions rien, autrefois, des joies les plus élémentaires qui nous paraissaient mesquines : manger, boire, dormir, se reposer, être en sécurité, étaient choses banales, triviales presque. Il eût été de mauvais goût de les apprécier trop ouvertement.

Pourquoi ?

Parce que nous n'avions jamais eu faim, soif, sommeil ; parce que nous n'avions jamais été fatigués ; parce que nous n'avions jamais eu peur.[48]

Le second est celui du philosophe Alain, qui commence ainsi un propos intitulé « Qu'as-tu appris à la guerre ? » :

Dis-moi, qu'as-tu appris à la guerre ?

J'ai appris d'abord à mieux compter sur cette mécanique vivante que je croyais fragile. Aussi je n'écoute plus ses faibles plaintes et réclamations, comme je faisais ; car je suis assuré par une longue expérience que la crainte d'être malade est la cause principale des maladies.

Encore, qu'as-tu appris à la guerre ?

J'ai appris encore à mieux goûter la joie d'être vivant. Je mange, je bois, je respire, je dors avec bonheur. Par cette précieuse bonne humeur, je suis disposé à ne pas m'inquiéter beaucoup des petites choses.

Encore, qu'as-tu appris à la guerre ?

J'ai appris à aimer les chaussures larges et les cols mous, parce que j'ai porté longtemps la livrée du pauvre. Enfin j'ai perdu cette habitude bourgeoise que j'avais de vouloir imposer par l'extérieur. C'est un souci de moins.[49]

Il ne faudrait pas cependant souligner exclusivement l'aspect physique ou matériel de cet amour de la vie. D'abord on oublierait d'autres joies, plus importantes pour les soldats que le manger, le boire ou le dormir : les lettres de la famille, les « babillardes », qui valurent parfois au soldat qui les apportait le joli surnom de « marchand de baisers ». On négligerait ensuite l'aspect culturel et social du manger et du boire, comme de tous les plaisirs physiques. Dans cette existence inhumaine des tranchées, la nourriture cesse parfois d'être simple aliment, et elle est investie d'une valeur culturelle : Raymond Escholier le notait fort bien, à propos de son régiment de Méridionaux et des colis. La guerre fait en outre apparaître toute la différence qui sépare les vivres d'un repas. Pour que manger soit un plaisir complet, il ne suffit pas d'apaiser la faim : il faut retrouver la civilisation dans un acte social qui respecte des manières. C'est ce qu'on fait au repos, à l'arrière :

Midi ou soir, on s'associait à trois ou quatre pour faire popote. C'était encore une volupté de s'asseoir à une table, de manger dans des assiettes de faïence, de boire dans des verres. Et le menu variait…[50]

Dans le même ordre d'idées, il faudrait, contre tant de textes glorifiant la crasse des « poilus », rappeler le plaisir de la propreté.

Ai-je connu des rires plus clairs, une gaieté plus réjouie que le 29 mars, dans la fraîcheur du matin, quand la vue d'une fontaine à l'eau pure nous rendit au sentiment de la propreté.[51]

Fondamentalement, l'amour de la vie est tourné vers un « après » de la guerre :

Ah, s'il nous est donné de vivre encore, comme nous saurons vivre.[52]

Si on a le bonheur de revenir, oui, quelle aurore merveilleuse ! D'abord les moindres choses, les moindres actes prendront une valeur qu'ils n'avaient pas ; on n'apprécie bien que ce qu'on a perdu.[53]

Ah, vieux, si j'en tire ma peau, je te jure que je chercherai le calme, la vie paisible et sans heurts, le foyer.[54]

Sans doute, l'existence qu'ils retrouvent surprend les combattants, mais ils ne regrettent rien :

Mon bonheur ne ressemble pas à ce que j'avais imaginé [...]

Moi aussi, bientôt, je rentrerai du travail. Je mangerai ma soupe tandis que Maman m'interrogera sur ma journée. Je sais quel effort m'attend, mais ce monde sans surprises, le mien, je désire ardemment y rester. Je le retrouve avec amour et j'en comprends la grandeur.[55]

Dans l'expérience de la guerre, les combattants trouvent ainsi des raisons supplémentaires d'adhérer à un art de vivre qui privilégie les joies simples de la vie familiale ou des réunions d'amis. Un Allemand, qui les fréquenta longuement[56], notait le plaisir qu'ils prenaient aux parties de belote ou de pétanque, aux pique-niques familiaux ou aux parties de pêche du dimanche. Il y a là un style de vie façonné par une longue tradition, nourri d'humanités classiques : l'*aurea mediocritas* et le *carpe diem*, repris par la morale de l'école primaire. C'est l'idéal aristocratique du noble qui aurait cru déroger en travaillant ; mais aussi son imitation bourgeoise, avec l'immense attrait de la condition du rentier qui vit « noblement », sans rien faire, et la valorisation du loisir, cultivé, élégant, ou simplement amical et familial. Les promesses des grandes entreprises sont des mirages trompeurs, et la volonté de puissance mène à l'échec. Mieux vaut se contenter de ce dont on dispose. C'est l'idéal du « pour vivre heureux, vivons cachés », ou de la sagesse des nations : « Mon verre n'est pas grand, mais je bois dans mon verre. » C'est celui que chante Verlaine, dont les vers célèbres sont appris par cœur dans les écoles :

La vie humble aux travaux ennuyeux et faciles
Est une œuvre de choix qui veut beaucoup d'amour.

Chez les combattants, il reste de la guerre une grande fatigue, une immense lassitude. Ils sont usés. Ils aspirent profondément à savourer leur vie en paix, comme une récompense bien méritée. D'où leur insistance à réclamer une « retraite » : avoir combattu fournit une justification au désir d'aisance modeste et de sécurité qui se confond avec un bonheur à portée de main. Pourquoi ce qui est bon pour les bourgeois ne le serait-il pas aussi pour le peuple ? En renforçant le désir de quiétude, l'attrait des joies quotidiennes dans la monotonie d'une existence limitée à la famille et aux amis, la guerre de 1914 a consolidé une société de petits retraités, de petits paysans et de petits-bourgeois. Elle a achevé de faire de la France une société de rentiers.

LA FRATERNITÉ DES COMBATTANTS

Ce qu'un tel idéal pourrait avoir de rétréci ou d'égoïste est contrebalancé, chez les combattants, par un grand mouvement de fraternité.

Tous les récits de guerre développent le thème de la fraternité des tranchées. Elle est normale. Ce qui se remarque, c'est au contraire le mauvais camarade :

> Celui qui ne partage pas avec l'escouade le paquet de la marraine ; celui qui rechigne pour les corvées, qui prend une boule de moins à la cuisine pour ne pas se charger ; c'est celui qui fait du pétard quand il est saoul et bouscule les camarades.[57]

Les anecdotes de camarades sauvés au péril de sa propre vie sont innombrables, et la vie quotidienne semble tissée de mille attentions réciproques : partage des colis, de la gnôle, du vin, de l'eau, du tabac, consolation des cafardeux.

Cette fraternité n'est pas cependant, comme le soutiennent tant de discours moralisateurs, la conséquence de la souffrance, le fruit d'âmes purifiées. Elle ne témoigne pas d'abord de la vertu ou de l'élévation d'âme des combattants, mais de l'intensité de leurs émotions, et de leur égalité dans la misère. Dans la vie courante, il est très rare de ressentir tout d'un coup un grand élan envers quelqu'un. À la guerre, on se sent parfois brusquement envahi d'une sympathie intense pour un camarade proche, qu'on voit blême d'angoisse ou qui implore du regard. Bien des barrières de pudeur, élevées par toute une éducation, cèdent alors et l'on éprouve pour tel ou tel voisin du moment un sentiment puissant et chaleureux de proximité, que l'on peut, en effet, nommer fraternité. Submergés eux-mêmes par des émotions fortes, comme l'angoisse, les combattants ne se défendent plus contre leur affectivité, et cela les rapproche, dans l'égalité de leur condition misérable :

> Pour aimer les hommes, en effet, il est indispensable d'avoir senti tressaillir, en soi et dans les autres, le pauvre bougre ; c'est la source de la miséricorde, qui fait aimer autrui, non pas malgré ses misères, mais à cause d'elles.[58]

Cette fraternité est une façon de vivre ensemble une expérience hors du commun. Ce n'est pas une nouvelle nature. Elle tient à la situation, plus qu'aux hommes. Il n'est donc pas sûr qu'elle puisse survivre aux conditions qui l'ont fait naître. Alain parle de « ces amitiés de guerre, fortes, indestructibles, et auxquelles nul ne peut pourtant donner aucune suite »[59]. Un des témoins de Roger Boutefeu, le peintre franc-comtois Robert Fernier, raconte ainsi ses retrouvailles en 1935 avec un cheminot avec lequel il avait passé plusieurs nuits et plusieurs jours, en avant des lignes, dans un trou d'obus. « Hélas, au bout d'un quart d'heure, nous n'avions plus rien à nous dire. » Et pourtant, il conclut ainsi son témoignage :

À bien réfléchir, il ne reste de cette longue et cruelle expérience que la satisfaction d'avoir rencontré de vrais hommes, parmi la troupe, celle qui était en première ligne, celle qui a vraiment souffert ; de s'être appuyé sur de vraies amitiés et de ne s'être jamais occupé de savoir si celui qui vivait à côté de soi, qui partageait ses joies et son malheur, et aussi ses provisions, le cas échéant, était paysan, intellectuel, bureaucrate ou souteneur de métier. Et c'est pourquoi, personnellement, je n'ai jamais regretté les épreuves que j'ai vécues, mais que je ne tiens nullement à m'associer aux manifestations qui veulent en apporter la justification.[60]

Dans l'expérience vécue de la guerre, il n'y a d'ailleurs pas que la fraternité. Il y a aussi une certaine indifférence, une insensibilité acquise par force, car si l'on ne s'était endurci, on n'aurait sans doute pu supporter tant d'horreur. Bien des témoins le notent :

On s'habitue à voir des morts, à les sentir, à les toucher [...]

En piochant, on crève un ventre. Le bonhomme cherche la cartouchière, y trouve des balles D, et dit paisiblement : « C'est un Français. »[61]

Le docteur Voivenel signale l'endurcissement des soldats. L'indifférence devant les cadavres « fait partie du métier »[62]. Georges Bonnet, le futur ministre des Affaires étrangères, a publié trois articles de sociologie sous le titre *L'Âme du soldat*. Norton Cru y voit les pages les plus solides qu'un bon témoin ait écrites sur la guerre étudiée d'un point de vue impersonnel ou philosophique[63]. Or la guerre est pour Georges Bonnet une école d'égoïsme et d'indifférence, plus que de fraternité :

L'expérience des mois écoulés a singulièrement endurci les cœurs. À force de vivre avec la souffrance, on s'est habitué à elle. Autour de chacun, les deuils se sont multipliés. Nos frères, nos amis les meilleurs ont été tués. La douleur est devenue si commune qu'elle a fini par devenir naturelle. Ainsi, peu à peu, la pitié est morte dans nos cœurs. Les malheurs de chacun sont si nombreux que parfois on ne trouve plus de larmes pour pleurer sur les infortunes des autres.[64]

Les soldats deviennent indifférents à tout ce qui ne les concerne pas directement :

Comme j'avertissais un jour un de mes hommes de service qu'il se trouvait à un endroit dangereux où plusieurs torpilles venaient d'atteindre, peu de temps auparavant, plusieurs de ses camarades, je l'entendis me répondre avec une parfaite tranquillité : « Oh ! tant que ça tombe que sur les copains, y a pas de mal ! »[65]

On est loin de la présence attentive de chacun à tous qui aurait caractérisé la vie dans les tranchées. Georges Bonnet va même plus loin :

> La vie en campagne nous donne des camarades, des compagnons que nous tutoyons familièrement aujourd'hui, mais dont nous nous séparerons sans grands regrets demain. Ils ne sauront rien de nos pensées intimes ; ils ne connaîtront rien de notre cœur ; nous n'abandonnerons à leur curiosité que nos apparences. Pourtant, parmi ceux-ci, il peut y en avoir d'infiniment dévoués. Nous ne leur ferons pas nécessairement le don précieux de notre amitié [...]
>
> Que des amitiés solides se forment pendant la guerre, personne n'en est plus convaincu que nous. Mais qu'elles se forment grâce à la guerre, nous le contestons. La guerre ne peut modifier les lois éternelles qui créent les amitiés véritables.[66]

Nous sommes donc en présence de deux interprétations, de deux lectures d'une même situation. D'un côté, la fraternité, la solidarité, l'élan ; de l'autre, des compagnons condamnés à vivre ensemble et qui s'accommodent les uns des autres, l'indifférence, voire même l'égoïsme. En fait, il semble que les soldats n'aient été ni meilleurs ni pires que ne le sont d'ordinaire les hommes. Croire que la guerre change les âmes est sans doute une illusion. Mais c'est un fait que cette illusion est assez répandue. Dans le monde combattant, une fois la guerre passée, on insiste sur la fraternité, que l'on présente comme une constante de la vie des tranchées, alors qu'on tait l'endurcissement et l'insensibilité.

Cette valorisation peut s'expliquer, psychologiquement, par une différence d'intensité dans les sentiments dont on se souvient. La fraternité est l'expérience de grands élans de sympathie, de déferlements d'affectivité. Les combattants, qui s'étaient raidis contre les émotions et avaient renforcé leurs défenses pour garder leur équilibre, ont été parfois ébranlés par un choc particulièrement violent : une veille d'attaque, une relève épouvantable, la perte d'un proche. Ils ont été alors d'autant plus bouleversés que leurs défenses étaient emportées, et ils ont senti avec une intensité extraordinaire la pitié, la compassion, la fraternité. Sur le fond tout en grisaille de la camaraderie quotidienne, ces grandes émotions tranchent, et le souvenir en resterait plus vivace. Complémentaires dans le vécu, l'indifférence et la fraternité recevraient ainsi dans la mémoire deux traitements opposés.

Pour admettre cette interprétation, il faudrait être sûr que les moments d'égoïsme sacré n'étaient pas d'une intensité aussi forte que ceux de communion réciproque. Comment croire que parfois le vouloir-vivre personnel n'a pas balayé tout autre sentiment ? Or les combattants restent muets sur ce point. Il faut donc penser à un choix d'ordre idéologique. Le thème de la fraternité des tranchées recevrait une sorte de privilège parce qu'il fonde et illustre celui de la nécessaire union de tous les Français. On devrait alors l'interpréter politiquement, comme un refus implicite des divisions entre partis, une négation des conflits, et, en définitive, une nostalgie, propre à la droite, des grands rassemblements patriotiques.

Cette interprétation ne nous semble pas meilleure que la précédente. La fraternité n'est pas l'objet d'une valorisation idéologique. Pour que la droite cherche à exploiter ce thème, comme elle l'a fait, il fallait qu'elle pense que c'était un « bon » thème : non seulement un thème qui concordât avec ses orientations, mais un thème efficace, qui toucherait les combattants au point sensible et ferait vibrer en chacun d'eux une fibre secrète. L'exploitation idéologique de la fraternité n'est possible que si ce thème constitue, pour les combattants, un lieu « commun », où ils se retrouvent tous. Au demeurant, l'interprétation par l'idéologie ne rend compte ni de la généralité ni de l'importance affective du thème de la fraternité.

Le sens d'une expérience

Il faut être beaucoup plus simple. Il est bien humain de retenir d'une expérience ce qui est à son avantage. Les combattants ne sont ni les premiers ni les derniers à avoir jeté un voile pudique sur ce qui ne les flattait guère, pour mettre en évidence ce qui les faisait valoir.

Il y a un peu plus. Le privilège accordé à la fraternité répond à la nécessité intime et vitale de donner un sens à ce que l'on vit. Surtout quand la situation est absurde, inhumaine. Pour l'assumer et ne pas se défaire intérieurement en la vivant, les combattants ont été sommés de lui donner un sens. On peut vivre, en les trouvant absurdes, des situations banales : il suffit, pour reprendre l'expression familière, d'attendre que ça se passe. Mais ce n'est pas une attitude possible quand il s'agit d'une épreuve vitale. On ne peut voir mourir, et risquer soi-même sa vie, en se disant que cela n'a aucun sens ; de cette expérience, il faut que sorte quelque chose de positif : on le veut. On saisit ce processus sur le vif, au détour des carnets de Tézenas du Montcel, un officier de territoriaux, avocat de bonne famille et qui pensait « bien ».

8 février 1917. Assez longue conversation avec le P. Plus [...] Il n'aperçoit pas le « gain » de la guerre au point de vue religieux : les âmes ne lui paraissent pas changées [...] Je crois au contraire à la vertu et au fruit du sacrifice [...] Je le lui dis, je le crois, mais je *veux* surtout le croire.[67]

Vivre, c'est donner un sens à ce qu'on vit.

L'étonnant, de ce point de vue, c'est en fait que les combattants aient cherché dans la valorisation de la fraternité et non du patriotisme le sens profond de leur expérience. Certes, au début de la guerre, ils se battaient bien pour la France, mais aucune idée ne tient longtemps devant l'expérience de la guerre : il faut une présence plus concrète, une évidence plus immédiate. À partir de 1915, tous les témoignages concordent, les soldats font leur métier, honnêtement, avec conscience professionnelle. Ils tiennent parce qu'ils savent ce qu'ils se doivent à eux-mêmes et se sentent solidaires de camarades proches. On est aussi loin du militaire enthousiaste et patriote de la légende, que du mauvais soldat retenu par la crainte des gendarmes et des cours martiales :

Au début de la guerre, l'enthousiasme passait à travers les âmes. Maintenant (mars 1916) tout s'est refroidi, et le devoir s'accomplit sans le vernis brillant que lui donnait la jeunesse de la guerre. Les désillusions, la lassitude, la difficulté de savoir comment cela finira pèsent sur tout. Il s'agit de tenir un quart d'heure de plus…[68]

Le soldat de 1916 ne se bat ni pour l'Alsace, ni pour ruiner l'Allemagne, ni pour la patrie. Il se bat par honnêteté, par habitude et par force. Il se bat parce qu'il ne peut faire autrement. Il se bat ensuite parce que, après les premiers enthousiasmes, après le découragement du premier hiver, est venue, avec le second, la résignation. Ce qu'on espérait n'être qu'un état passager […] est devenu une situation stable dans son instabilité même. On a changé sa maison contre un gourbi, sa famille contre des camarades de combat. On a taillé sa vie dans la misère, comme autrefois dans le bien-être. On a gradué ses sentiments au niveau des événements journaliers, et retrouvé son équilibre dans le déséquilibre. On n'imagine même plus que cela puisse changer. On ne se voit plus retournant chez soi. On l'espère toujours, on n'y compte plus.[69]

Ainsi vécue, l'expérience laisse des souvenirs très simples : l'amour de la vie, la fierté de n'avoir pas plié sous l'épreuve, le sentiment de ne pas avoir lâché ses camarades et d'avoir pu compter sur eux. L'image du soldat résigné, qui fait la guerre comme un métier, est moins flatteuse que ne la voudraient les patriotes de l'arrière, moins noire aussi que ne la disent certains pacifistes. Il suffit qu'elle soit vraie.

Chapitre II

LE MOUVEMENT COMBATTANT

Un lieu commun rarement discuté affirme que les associations de combattants se sont créées pour perpétuer la fraternité des tranchées. Si l'on veut dire par là qu'elles s'assignent pour objectif de développer la camaraderie entre leurs membres, ce n'est pas faux, encore qu'elles poursuivent simultanément bien d'autres buts. Elles doivent, en revanche, leur création à de tout autres raisons.

L'association de combattants ne s'inscrit pas, en effet, dans le prolongement direct de la vie militaire. Certes, il existe des Amicales régimentaires, mais leur rôle est très secondaire. À leur apogée, elles regrouperont au plus 125 000 adhérents. Les associations qui comptent ont une base géographique ; elles réunissent les combattants commune par commune. Bien que le recrutement ait été local, les hasards de la guerre ont généralement brassé les unités. Quand deux soldats d'un même village, appartenant à la même classe, avaient été versés dans le même régiment, voire dans la même compagnie, il fallait un rare concours de circonstances pour qu'ils se retrouvent dans la même section et la même escouade. Sans doute peuvent-ils parler des mêmes lieux et des mêmes combats, mais ils n'y ont pas pris part exactement à la même heure ni dans la même tranchée. Ils n'ont pas fait la guerre au coude à coude. Au sein d'une association de combattants, on retrouve donc des camarades de guerre de la même génération et de la même localité, mais ce n'est pas exactement avec eux que l'on avait partagé les moments les plus marquants et les plus intenses de la vie du front. L'association de combattants n'est pas l'héritier direct du groupe que formaient les soldats au feu.

LES ORIGINES

En fait, les associations de combattants sont nées pour des raisons beaucoup plus matérielles que morales. Il faut en distinguer deux générations successives.

La situation des blessés

La première naît pendant la guerre même, dès 1915 et 1916, pour répondre aux problèmes dramatiques des blessés. Avant de renvoyer dans leurs foyers ceux qui étaient inaptes au service, l'armée devait régler leurs dossiers. Or la législation applicable datait de 1831 et s'avérait totalement inadaptée. Conçue en temps de paix, et pour une armée de métier, elle prévoyait d'abord une procédure d'instruction des dossiers assez longue, et que la désorganisation provoquée par la guerre ralentit encore. Les blessés s'entassaient donc dans les hôpitaux et les dépôts, impatients d'être rendus à la vie civile, mais contraints d'attendre une décision qui traînait interminablement. En second lieu, le système d'indemnisation des blessés était beaucoup trop restrictif. Pour obtenir une pension, il fallait prouver positivement que sa blessure était imputable à la guerre. Or, dans la précipitation des combats, on n'avait pas toujours attendu pour évacuer les blessés que leurs papiers soient en ordre. La fiche d'évacuation ou le billet d'hôpital ne précisaient pas toujours l'origine de la blessure. Pour peu que le mutilé ne puisse retrouver des témoins oculaires, l'autorité militaire pouvait refuser de l'indemniser par une pension, même s'il s'agissait manifestement d'une blessure par balle ou par éclat d'obus. On devine la colère d'hommes à qui l'on avait coupé la jambe, le bras ou la main, et à qui l'on refusait une pension, sous prétexte qu'ils ne pouvaient prouver qu'ils avaient bien été blessés par l'ennemi. Enfin, les indemnités étaient insuffisantes. Elles ne permettaient pas à un grand invalide, incapable de travailler, de subvenir à ses besoins. Comme le coût de la vie ne cessait d'augmenter — il est multiplié par 2,5 entre le début et la fin de la guerre — malgré une indemnité compensatoire accordée en 1917, cette insuffisance devint de plus en plus criante.

Une double action, administrative et législative, s'imposait pour remédier à cette situation inqualifiable. Un grand sous-secrétaire d'État au Service de Santé, Justin Godart, réussit à faire correctement fonctionner les filières de réforme et à en accélérer le débit, qui double largement en 1917. Simultanément, il fait envoyer systématiquement en permission les militaires en instance de réforme qui encombraient inutilement les hôpitaux. Mais ces mesures n'empêchent pas le mécontentement de couver dans les hôpitaux et les centres de réforme, où les mutilés passent de longues journées oisives, à attendre des soins, un examen ou une séance de mécanothérapie. Leur impatience s'aigrit, devant les lenteurs d'une administration obligée d'appliquer des règles absurdes. C'est dans ce milieu que s'esquissent, tout naturellement, les premières associations.

La discipline militaire règne cependant, dans les hôpitaux et les centres de réforme. Toute propagande y est interdite. C'est pourquoi la première association se fonde dans un hôpital qui dépend, non du Service de Santé, mais d'une œuvre privée d'assistance aux blessés. Née en août 1915, l'Association générale des mutilés de la guerre ou AGMG prend d'ailleurs pour président un grand blessé rassurant pour les autorités, le général Malleterre, gouverneur des Invalides.

Pour que les pensions permettent aux mutilés de vivre, il fallait changer la loi. Vaste entreprise, commencée en mai 1915, mais qui s'achèvera seulement le 31 mars 1919. En attendant, les mutilés rendus à la vie civile devaient bien vivre, et pour cela, travailler. Or ils avaient de grandes difficultés à trouver un emploi. Le *Journal des mutilés*, qui se lance en mai 1916, s'en indigne :

De toutes parts on adresse de vibrants appels à la main-d'œuvre civile…

Comment se fait-il […] que nombre de nos camarades ne trouvent pas à s'embaucher dans les usines de guerre, où, en dépit de leurs infirmités, ils pourraient rendre de bons services ? [...]

Est-ce que, par hasard, messieurs les fournisseurs de la guerre seraient tous de l'avis de cet Administrateur d'une [...] très importante fabrique d'automobiles, qui, depuis la guerre, a gagné des millions en produisant des munitions. Ce personnage n'a-t-il pas répondu dernièrement à un de nos camarades : « Vous êtes mutilé, évidemment, mais ce n'est pas notre faute [*sic*]. Vous devez comprendre que nous sommes obligés de considérer avant tout l'intérêt de notre maison et que nous évitons d'être encombrés par des infirmes. »

Charmant, n'est-ce pas ?

Quelques usines emploient cependant des mutilés, mais certaines s'efforcent de rogner leur salaire, même s'ils fournissent exactement le même travail que les autres ouvriers.[1]

Souvent, en effet, le salaire du mutilé était établi en tenant compte de sa pension. Ailleurs, les emplois accordés aux réformés étaient inutiles, et les intéressés ressentaient l'humiliation d'une charité mal déguisée.

L'insuffisance des pensions et les difficultés de l'emploi jetaient parfois les mutilés dans une misère navrante, surtout dans les grandes villes. On en vit mendier dans les couloirs du métro. Le *Journal des mutilés* abonde en anecdotes révélatrices de cette situation désolante. Voici par exemple un passant, arrêté dans la rue par quelqu'un qui lui offre une petite cocarde ; c'est un amputé, appuyé sur sa béquille. Pour arracher deux sous au passant indifférent, il use d'un subterfuge innocent :

Prends-la-moi, ajouta très lentement la voix devant ma surprise peu enthousiasmée : c'est moi qui les fabrique [...]

En cherchant bien peut-être pourrait-on s'épargner ces vivants reproches de notre égoïsme et de notre ingratitude... Médaille militaire, deux palmes, cela mérite mieux que ce lamentable commerce de petites cocardes, mendicité mal déguisée, imposée par la misère.[2]

Aux difficultés matérielles, s'ajoutent des difficultés morales. Toutes ces rebuffades témoignent en effet d'une indifférence et d'une ingratitude bien difficiles à supporter, quand on paye déjà le lourd tribut d'une blessure ou d'une amputation. Le comble est d'être pris pour un embusqué. Ces confusions mettent hors d'eux les mutilés. D'innombrables anecdotes se déroulent ainsi dans les lieux publics. C'est par exemple un wagon de métro bondé, où toutes les places assises sont occupées. Un capitaine plein d'assurance voit monter un blessé en tenue. Aussitôt, le capitaine frappe sur l'épaule

d'un jeune homme d'aspect robuste qui se prélasse devant lui sur une banquette et lui dit d'un ton rogue :

— Dites donc, jeune civil, cédez donc votre place à ce blessé.

Le jeune civil soulève son chapeau et répond flegmatiquement :

— Je vous demande pardon, mon capitaine, mais je suis amputé d'une jambe...[3]

Les associations de mutilés

Dans ce contexte, les mutilés se groupent spontanément pour lutter contre l'indifférence ou le mépris. Dans plusieurs villes, des réformés convoquent une réunion, par une annonce dans le journal local. Ces initiatives n'obéissent à aucun plan d'ensemble, et leurs promoteurs s'ignorent. Des associations se fondent ainsi à Saint-Étienne et au Havre, en février 1916, à Nancy en avril, à Lyon, à Nice en septembre, à Annecy en décembre, à Orléans en février 1917, et bientôt dans la plupart des villes du Sud-Est et du Midi. Ces groupements ouvrent aussitôt des permanences pour renseigner les mutilés sur leurs droits, leur conseiller des démarches et leur procurer des secours. Ils interviennent auprès des pouvoirs publics à la fois pour revendiquer des avantages concrets et pour obtenir une reconnaissance morale. Tantôt ils soulignent leur portée civique et sociale, tantôt ils expriment le mécontentement agressif de leurs membres. Voici deux exemples qui illustrent cette ambiguïté. D'abord un préfet, qui rend compte du mauvais esprit du secrétaire général des Mutilés des Hautes-Pyrénées. Celui-ci a pris la parole au cours d'une réunion qu'il présidait :

Il opposa [...] la générosité de nos alliés à l'esprit de parcimonie qui paraissait avoir inspiré le Parlement et le Gouvernement français [...] Il tenta [...] en exposant certains cas particuliers, de pénétrer ceux qui l'écoutaient de l'idée que les mutilés étaient les victimes, et qu'il suffisait pour s'en convaincre d'opposer leurs misères à la fortune des nouveaux riches.

Ces paroles trouvèrent de l'écho, aussi n'ai-je pas hésité à retirer séance tenante à l'orateur le droit de parler.[4]

Mais, inversement, les Mutilés du Loiret écrivent au ministre de l'Intérieur :

Sans doute nous nous groupons pour la défense des droits légitimes gagnés au service de la Patrie et que nous confère la loi ; mais, en nous efforçant de nous entr'aider, de faire rendre justice à chacun d'entre nous, de faire rentrer nos camarades infirmes ou mutilés dans les cadres d'une vie régulière, de les protéger contre l'oisiveté et de leur faire retrouver le pain par le travail, nous avons conscience de travailler, dès maintenant, au rétablissement normal de la vie nationale. Nous faisons œuvre de concorde et de bonne discipline sociale.[5]

Instruments tantôt d'une revendication agressive, tantôt de l'union nationale et de la concorde civique, les associations de mutilés présentent, dès leurs débuts, un double visage.

Elles sont assez fortes et assez nombreuses à la fin de 1917 pour éprouver le besoin de se rencontrer. Il leur faut d'ailleurs présenter un front uni aux députés qui abordent la discussion de la nouvelle loi des pensions. Le *Journal des mutilés*, qui soutenait une association parisienne à vocation nationale, l'Union nationale des mutilés et réformés (UNMR), prit l'initiative de convoquer un grand congrès, espérant ainsi fédérer autour de l'UNMR les associations de province. Ce congrès eut lieu, le 11 novembre 1917, au Grand-Palais. Il en sortit un exécutif provisoire qui multiplia les démarches pour faire inscrire dans la loi le droit à réparation des victimes de la guerre et des taux de pension satisfaisants. Simultanément, il organisa un second congrès national à Lyon, en février 1918. C'est là que fut fondée l'Union fédérale, en abrégé UF, qui allait devenir la plus puissante organisation du mouvement combattant. L'AGMG n'avait pas voulu se joindre à ces réunions, trop revendicatives à son goût. L'UNMR, déçue de ne pas réunir autour d'elle les associations de province, conserva son indépendance. Enfin, une ancienne association de réformés, fondée en 1888, la Fédération nationale, qui n'avait joué aucun rôle jusque-là parce que son président n'avait pas fait la guerre de 1914 et semblait trop docile aux autorités militaires, s'efforça à la fin de 1918 de prendre un nouveau départ en se donnant pour président André Maginot, l'un des rares parlementaires populaires parmi les mutilés en raison de sa guerre et de sa blessure. Dès l'armistice, les principales associations de mutilés sont donc en place : l'UF regroupe la plupart des associations de province. À côté d'elle, l'AGMG, l'UNMR et la FN conservent une certaine importance.

C'est le moment où la démobilisation jette, par millions, les anciens soldats dans la vie civile et provoque la naissance d'une seconde génération d'associations.

Les démobilisés

Pourquoi les démobilisés n'ont-ils pas rejoint les associations de mutilés ? D'abord parce que celles-ci étaient absorbées par leurs propres problèmes. La Chambre discute la loi des pensions en seconde lecture de décembre 1918 à février 1919 : c'était le moment, pour l'UF et les autres associations, d'arracher les améliorations auxquelles elles tenaient. Elles n'étaient d'ailleurs pas toujours bien disposées envers les simples combattants : certaines, comme la Fédération Maginot (FN), refusèrent longtemps de les accepter comme adhérents. Il y a davantage. L'ouverture des associations de mutilés aux combattants supposait qu'elles développent des activités nouvelles.

Les démobilisés semblent, en effet, à la fois plus agressifs et moins persévérants que les réformés. Ils sont rendus à la vie civile fort mécontents. D'abord, les contraintes logistiques ont fait traîner en longueur la démobilisation : ils s'énervaient de devoir attendre. Du moment que l'armistice était signé, il n'y avait qu'à poser son fusil et à rentrer chez soi. Tout retard était une brimade. La démobilisation était irritante aussi, par ses mesquineries. En échange de leurs effets civils de 1914, perdus ou abîmés, l'armée leur donnait un ridicule costume civil, le complet Abrami. S'ils le refusaient, ils recevaient 52 francs. Il fallut une conscience aiguë de leur mécontentement, pour que le gouvernement établisse une prime de démobilisation (mars 1919). Rentrés chez eux, ils trouvaient à payer leur loyer et leurs impôts de toute la guerre. Une feuille du percepteur, en guise de bienvenue, quand on vient de payer l'impôt du sang, il y avait de quoi voir rouge, et l'on dut bien vite décréter un moratoire des impôts (mars 1919). Le plus grave était le chômage, surtout dans les villes. Faute de comprendre exactement quelles formalités accomplir, beaucoup de démobilisés ne retrouvèrent pas chez leur patron la place à laquelle ils avaient droit. La reconversion économique ajoutait aux difficultés de l'emploi. Avoir risqué sa vie, et se retrouver chômeur, excitait le mécontentement : parmi les démobilisés gronde quelques mois une colère quasi révolutionnaire.

Mais cette colère est dirigée contre les civils ; elle vise les embusqués et les nouveaux riches plus que le gouvernement. C'est une indignation explosive, mais sans projet immédiat et précis. Elle s'exprime parfois de façon pondérée, comme dans *Le Poilu lozérien* :

Il est un fait incontestable, c'est que la guerre a fait perdre leur situation à beaucoup d'entre nous. Il est une deuxième vérité sur laquelle nul ne saurait discuter : c'est que ces hommes qui sont partis et se sont battus pour sauver la liberté, les biens et les situations de tous, ont bien le droit de trouver à gagner leur vie en travaillant maintenant que la guerre est terminée.

Eh bien ! Que se passe-t-il ? De partout, des camarades démobilisés nous crient leur indignation, de toutes parts des protestations s'élèvent : les poilus ne sont pas traités avec la bienveillance qu'on leur avait promise.[6]

Ailleurs, le ton est plus véhément. Écoutons par exemple un commissaire de police rendre compte d'une réunion tenue à Marseille, devant 900 mutilés et combattants. Un orateur parle :

Le démobilisé arrive chez lui des armées avec 52 francs en poche ; autant dire sans ressources, et presque partout où il se présente, on lui refuse du travail. Il a cité le cas d'un de ses camarades démobilisés qu'il a dû héberger chez lui et faire coucher sur un matelas ; pendant ce temps, a-t-il continué, les patrons emploient des boches dont le travail ne leur coûte que 5 francs par jour et prive l'ancien combattant qui est revenu après 57 mois de souffrances du salaire qui doit le faire vivre avec ses enfants.[7]

Quelle réponse les associations de mutilés peuvent-elles apporter à cette indignation qu'elles comprennent ? Leur action méthodique auprès des pouvoirs publics ne peut donner de résultats en quelques mois, or c'est de suite qu'il faut agir. Les plus mécontents vont porter leur amertume ailleurs, par exemple dans les syndicats.

Il arrive cependant, à Nancy, à Grenoble ou au Havre, par exemple, que l'association de mutilés accueille les démobilisés et connaisse, de ce fait, un fort développement en 1919-1920. Mais, le plus souvent, cette clientèle se porte vers des associations distinctes. Certaines naissent spontanément, notamment dans les bourgs où les démobilisés rentrent assez nombreux pour constituer un groupe local, alors qu'il n'y avait pas assez de mutilés pour créer une association. Le cas le plus fréquent reste la fondation d'une section de l'Union nationale des combattants (UNC).

L'Union nationale des combattants

À la différence de l'UF, l'UNC n'est pas née d'un mouvement spontané. Elle n'est pas une réponse apportée par les soldats directement concernés aux difficultés auxquelles ils se heurtaient chaque jour. C'est une entreprise hiérarchique, qui part du sommet et descend de Paris vers la province, avec la volonté d'encadrer les démobilisés un peu comme un patronage évite aux gamins des villes les dangers de la rue. Les promoteurs de l'UNC sont des hommes d'œuvres, démocrates-chrétiens ou catholiques-sociaux. Parmi eux, l'infatigable Père Brottier, Ernest Pezet, Humbert Isaac, le fils du futur ministre de Millerand.

Ce groupe bénéficie de nombreux appuis. Clemenceau donne 100 000 francs au Père Brottier. L'armée ouvre à l'UNC les foyers du soldat et l'autorise à poser ses affiches et à recruter avant même la démobilisation. La hiérarchie militaire se fait représenter à ses manifestations, d'ailleurs son premier président est un général. L'Église catholique la soutient, et l'évêque d'Évreux écrit même à ses curés pour leur conseiller de fonder des associations paroissiales de combattants qui pourraient adhérer à l'UNC dont il leur donne l'adresse. La Semaine sociale de Seine-et-Oise demande l'exclusivité de la représentation de l'UNC dans son département. Les milieux d'affaires, enfin, se montrent généreux. Le concours de banques permet ainsi à l'UNC de rendre aux démobilisés un service qu'ils apprécient : le remboursement sans escompte des bons du Trésor qu'ils recevaient en prime de démobilisation.

L'orientation dont témoignent ces appuis se manifeste clairement lors de la grève générale de 1920. Annie Kriegel a établi la participation de l'UNC à l'organisation de la riposte patronale : 100 000 francs au moins, et sans doute le double, lui ont été versés dans ce but par les compagnies de chemins de fer. Les dirigeants de l'UNC ont animé les Unions civiques qui recrutaient des conducteurs pour faire marcher les trains. Le secrétaire général de l'UNC a même écrit dans les bureaux du ministère de l'Intérieur une circulaire en ce sens, à l'intention des présidents des groupes départementaux. L'UNC a beau s'efforcer de demeurer officiellement neutre, dans ses déclarations publiques, elle est incontestablement intervenue pour faire échouer la grève.

Compromettants parfois — ils provoquent des démissions —, ces appuis présentaient d'évidents avantages. L'UNC disposait de moyens. De plus, elle pouvait faire jouer à son profit tout un réseau de relations dans la bourgeoisie bien-pensante de province. Elle trouve donc un peu partout des catholiques assez ouverts et assez dévoués pour fonder des sections, et sa croissance est spectaculaire. Déclarée le 11 novembre 1918, elle compte 317 000 cotisants lors de son congrès de 1921, dépassant ainsi l'UF (250 000 adhérents) et toutes les autres associations[8].

Ces succès initiaux, cependant, ne sont pas durables. Dans l'urgence de la démobilisation et de la réadaptation à la vie civile, l'UNC, comme d'ailleurs les autres associations, enregistraient de nombreuses adhésions. Mais tous ces adhérents ne renouvellent pas leur cotisation. Quand on remet à jour les fichiers, un lourd déchet apparaît : après cette éclosion spectaculaire, il s'agissait maintenant de durer.

HISTOIRE D'UN MOUVEMENT DE MASSE

Les associations de mutilés et l'UNC n'évoluent pas de façon exactement parallèle, de 1920 à 1926. L'UNC traverse une période difficile. Ses effectifs reculent d'un bon tiers jusqu'en 1923. L'appartenance de son secrétaire général, Charles Bertrand, à la majorité de la Chambre bleu horizon pose un problème délicat après la victoire du Cartel. Partisan d'une hostilité ouverte au nouveau gouvernement, il est désavoué et doit démissionner. Après

Humbert Isaac, à l'autorité morale incontestée, Henri Rossignol prend en 1926 la direction d'une UNC qui n'a pas encore retrouvé ses effectifs de 1921.

Après une ou deux années de consolidation, les associations de mutilés poursuivent au contraire une progression lente, mais régulière. L'UF atteint 345 000 membres en 1926, et les autres associations croissent au même rythme, quoique à un niveau très inférieur. C'est qu'elles font preuve d'une efficacité revendicative qui intéresse tout particulièrement leur clientèle. À la veille des élections de 1924, les grandes associations nationales, y compris l'UNC — mais sa clientèle est moins concernée —, s'entendent pour présenter aux candidats un cahier unique de revendications, et elles leur demandent l'engagement écrit de le défendre. Au premier rang figure la revalorisation des pensions en fonction de la hausse des prix. La plupart des candidats souscrivent cet engagement, par crainte d'être stigmatisé par le journal de combattants de leur circonscription. Mais les associations exigèrent que ces promesses soient tenues, et, au prix d'une campagne savamment orchestrée, elles finirent par arracher au gouvernement, malgré ses difficultés financières, une revalorisation de 80 % du montant des pensions.

Cette campagne, prolongée en juin 1926 par une action contre les accords de Washington sur les dettes interalliées, habitua les associations à travailler ensemble. Pouvait-on aller plus loin, et réaliser entre elles une union organique ? Une tentative en ce sens avait déjà eu lieu en 1923, mais, engagée maladroitement contre les états-majors des grandes associations, elle avait simplement abouti à la création d'une fédération nationale de plus, intitulée la Semaine du combattant (SDC). Celle-ci avait noué un lien assez lâche entre des associations départementales jusque-là jalousement indépendantes.

Ce précédent malheureux invitait à la prudence. L'entreprise fut conduite par deux hommes de premier plan : Henri Pichot et André Linville. Formé par une école normale d'instituteurs, Pichot enseignait dans l'école primaire supérieure de garçons d'Orléans. Blessé et prisonnier en 1914, il avait été rapatrié pour raison de santé, avait fondé les Mutilés du Loiret et pris très vite un rôle déterminant au sein de l'UF, dont il avait été le président. D'un dévouement sans limites, bonhomme et chaleureux, bon convive, son intégrité et son désintéressement n'étaient contestés par personne. Il refusera d'ailleurs un siège de député. C'était en outre un remarquable orateur, et un journaliste intarissable. C'est ce qui l'avait mis en contact avec Linville. À la différence de Pichot, Linville n'était ni un véritable combattant — il n'aura jamais la carte — ni un militant bénévole, mais un journaliste professionnel. Il avait réussi à devenir le directeur et le principal propriétaire du *Journal des mutilés* d'où il exerçait sur le monde combattant une autorité à la fois débonnaire et sourcilleuse. Capable d'attaques personnelles impitoyables, parfaitement renseigné, assuré de bons conseils médicaux et juridiques, indépendant de toutes les associations et cependant prospère, le *Journal des mutilés* était une puissance avec laquelle toutes comptaient. C'est de cette tribune que Pichot lança à toutes les associations un grand appel en faveur d'un congrès des congrès.

L'affaire fut menée avec tact et habileté, dans des délais assez longs pour que personne ne se sente la main forcée, si bien que put s'ouvrir à Versailles, le 11 novembre 1927, un vaste congrès des congrès, pompeusement baptisé les « États généraux de la France meurtrie ». Il en sortit une Confédération nationale qui laissait à chaque association son indépendance, mais organisait leur collaboration.

La Confédération nationale connut des débuts difficiles, et l'on put craindre qu'elle ne soit paralysée par la rivalité de l'UF et de l'UNC. Ces deux associations s'opposaient notamment sur la politique étrangère. L'UF avait noué des contacts réguliers avec les associations allemandes d'Anciens Combattants républicains, au sein de la CIAMAC (Conférence internationale des associations de Mutilés et d'Anciens Combattants) ; aussi défendait-elle la politique de Briand, que l'UNC au contraire combattait. Ce conflit fut tranché à la fin de 1929, au terme d'un débat sans équivoque. À l'écrasante majorité de 123 voix contre 52, le Conseil national de la Confédération adopta en effet le texte suivant :

Fidèle à la pensée de nos grands morts de la guerre qui ont donné leur vie pour que meure la guerre,

Assuré qu'il n'est possible d'atteindre à ce haut résultat que par la réalisation pratique et conjointe, sur le terrain international, de l'arbitrage, de la sécurité et du désarmement.

Le Conseil national de la Confédération nationale exprime à M. Aristide Briand la gratitude des survivants de la Grande Guerre pour son action tendant à la réalisation de ce triple but, au rapprochement des peuples et à la mise définitive de la guerre « hors la loi ».[9]

Pour sortir de la crise ouverte par le vote de ce texte, la Confédération se donna un secrétaire général qui n'appartenait ni à l'UF, ni à l'UNC. Ce fut Georges Rivollet. Représentant de commerce en bonneterie, sergent vaguemestre pendant la guerre, il avait été grièvement blessé d'un éclat d'obus à la tête. En 1925, il avait remis sur pied le secrétariat de l'UNMR, désorganisé par le départ inopiné du précédent secrétaire général. C'était un homme modeste, travailleur, efficace et habile. S'il n'avait pas l'envergure d'un véritable leader national et ne pouvait donc faire ombrage aux ténors de l'UF et de l'UNC, ceux-ci sous-estimaient en revanche ses capacités. Ils ne se doutaient guère que cette promotion ferait bientôt de Rivollet un ministre. En tout cas, celui-ci réussit à faire correctement fonctionner la Confédération et à coordonner l'immense campagne revendicative qui aboutit au vote de la retraite du combattant (mars 1930) : 500 francs, à tous les titulaires de la carte du combattant, dès cinquante ans, 1 200 francs à partir de cinquante-cinq ans.

Bilan d'une réussite

Le mouvement combattant connaît alors son apogée. Il est entré depuis 1927 dans une phase de développement rapide qui s'explique à la fois par plusieurs raisons : l'union au moins apparente réalisée au sein de la Confédération ; la création, en juin 1927, de l'office et de la carte du combattant, délivrée à tous ceux qui auraient passé trois mois dans une unité combattante ou auraient reçu une blessure de guerre ; la perspective de la retraite, enfin, bien qu'elle soit fort lointaine pour les combattants de trente-cinq ou quarante ans qui adhèrent en 1927-1928 aux associations. À ces raisons, s'ajoute l'évolution des mentalités et du contexte politique. Les souvenirs se décantant, il devient plus facile de se dire « combattant », d'autant que l'affirmation n'a plus le même sens après Locarno et le pacte Briand-Kellogg qu'à l'époque où Poincaré occupait la Ruhr.

La croissance des associations est spectaculaire. Elle s'effectue à la fois par la création de sections nouvelles, et par l'afflux des adhésions. L'UNC de Goy, par exemple, passe en deux mois (décembre 1928-janvier 1929), de 280 à 1 630 adhérents. La section de Calais, de 600 en 1927 à 840 en 1928 et 1 732 en 1929. Du coup, la Confédération atteint près de trois millions et demi de membres (3 427 000). Sans doute certains combattants appartiennent-ils simultanément à plusieurs associations, mais si l'on s'efforce d'éliminer ces doubles comptes, l'effectif de trois millions d'adhérents reste vraisemblable. Nous sommes bien en présence d'un mouvement de masse.

Il se compose d'une multitude d'associations, parmi lesquelles le profane éprouve quelque peine à se reconnaître. Il faut d'abord distinguer les associations générales et les associations spécialisées. Les premières s'adressent à tous les combattants et victimes de guerre, les secondes à une partie seulement d'entre eux. Parmi les associations générales, l'histoire invite à séparer celles de mutilés et celles de combattants, mais ces différences se sont progressivement estompées, si bien qu'on ne trouve pas beaucoup plus d'invalides dans les unes que dans les autres. En tête des associations de mutilés, l'UF dépasse 900 000 membres en 1932. Ses plus fortes fédérations sont le Pas-de-Calais (40 000 adhérents), l'Isère (32 000), puis la Meurthe-et-Moselle et le Rhône. Implantée dans la plupart des départements, elle est surtout puissante dans l'Est, le Sud-Est, le Midi méditerranéen et pyrénéen, le Massif central. Les autres fédérations de mutilés, moins accueillantes envers les combattants, et moins ramifiées à l'échelon communal, atteignent ou dépassent légèrement 100 000 adhérents chacune. L'AGMG est très forte dans l'Allier, le Tarn-et-Garonne, les Deux-Sèvres et la région parisienne, l'UNMR dans les Ardennes, le Loir-et-Cher, la Dordogne, la Fédération Maginot enfin en Alsace-Lorraine et dans la Meuse.

L'UNC domine les associations de combattants avec ses 860 000 adhérents (1932). Ses zones de force sont le Nord, les Ardennes, la Picardie, l'Ouest, de la Normandie au Pays basque, à l'exception des Charentes, l'Alsace et la région parisienne. À côté d'elle, les fédérations départementales regroupées par la Semaine du combattant ne constituent qu'une juxtaposition hétéroclite de cas particuliers, et une puissance de second rang (250 000 membres). Enfin, la Fédération nationale des Anciens Combattants non pensionnés (FNACNP), fondée par Anatole de Monzie en 1929, devenue Fédération des Anciens Combattants du front, fait figure de concurrente superflue, bien qu'elle compte aussi 100 000 membres environ. Elle n'appartient d'ailleurs pas à la Confédération.

Les associations spécialisées se définissent à partir de quatre critères principaux : médical, politique, militaire ou professionnel. On rencontre d'abord des associations spécialisées par nature d'invalidité : la Fédération nationale des amputés, celle des plus grands invalides, les Gueules cassées (Union des blessés de la face et de la tête). Chacune s'adresse à une clientèle bien particulière, mais il arrive qu'elles soient plusieurs à se la disputer, comme l'Union des aveugles de guerre et les Mutilés des yeux. Leurs adhérents se comptent en milliers, et exceptionnellement en dizaines de milliers (Mutilés des yeux, 10 000 environ ; Amputés, 20 000). Seule la Fédération nationale des blessés du poumon et chirurgicaux (FNBPC), qui s'adresse aux tuberculeux, atteint 75 000 membres.

Avec cette association, nous entrons dans le domaine des associations politiquement situées : son orientation socialiste est incontestable. La Fédération ouvrière et paysanne (FOP) partage la même option. Née dans l'orbite de la CGT, qui accueillait son siège social en 1918-1919, elle atteint également 80 000 adhérents. La dernière association politique importante est la Fédération nationale des combattants républicains (FNCR), d'inspiration radicale. Fondée à la veille des élections de 1924 par un franc-maçon notoire, rédacteur du *Quotidien*, elle voulait combattre l'influence de l'UNC sur son propre terrain mais ne dépassa jamais 120 000 adhérents — l'effectif réel se situant probablement très en dessous de ce plafond. À l'extrême gauche et à l'extrême droite, les associations de combattants restent peu puissantes, et elles n'adhèrent pas à la Confédération, qui les juge trop marquées. L'Association républicaine des Anciens Combattants (ARAC), fondée par Barbusse, regroupe un peu plus de 20 000 combattants, tandis que la Ligue des Anciens Combattants d'Action française Marius Plateau est encore plus faible. Quant aux Croix-de-Feu, dans la Seine où ils semblent particulièrement puissants, ils représentent 1,2 % des combattants titulaires de la carte, et 2,1 % de l'ensemble des combattants membres d'une association ; c'est dire qu'ils comptent peu. Leur style d'action, comme leurs finalités, les place d'ailleurs en dehors du mouvement combattant, et ils n'adhéreront jamais à la Confédération nationale.

En fait, les véritables associations de droite ont une base militaire, comme celles d'officiers : Groupe des officiers mutilés (10 000 adhérents), Société des officiers de complément de France (8 000). Il en va un peu de même pour les Amicales régimentaires, qui comptent une proportion élevée d'officiers et de sous-officiers parmi leurs membres. En revanche, la Fédération nationale des anciens prisonniers de guerre (FNAPG ; 60 000 adhérents), les Poilus d'Orient (35 000) et les Médaillés militaires (100 000) semblent apolitiques. Beaucoup de combattants adhèrent à ces associations en même temps qu'à un groupe de l'UNC ou à une fédération de l'UF.

Les associations professionnelles se sont développées là où les combattants avaient subi un retard de carrière. Les règlements ne prévoyaient pas, en effet, des absences légitimes d'aussi longue durée, et beaucoup de fonctionnaires, de policiers, de cheminots furent contraints de s'organiser pour éviter d'être pénalisés du fait de la guerre. Organisés par réseaux, les cheminots (Association nationale des cheminots anciens combattants, ANCAC) sont environ 40 000, et les trois associations de fonctionnaires dépassent 75 000 membres au total. En dehors de ces secteurs, les seules associations qui méritent d'être signalées sont la Fédération nationale des commerçants et industriels mobilisés (FCIM ; 15 000) et les Prêtres anciens combattants (ligue nationale des droits des Prêtres anciens combattants, ligue PAC). Mais ces derniers, comme la DRAC[10], renvoient en fait à une problématique beaucoup plus politique que professionnelle.

Des partenaires politiques

Tel est, dans ses grandes lignes, le mouvement combattant au début des années 1930. Son apogée coïncide avec une période de relative prospérité et d'apaisement des conflits politiques. Avec la crise économique et la montée du Front populaire, il devait décliner. Il résiste d'abord, grâce à une mobilisation générale, aux tentatives de déflation d'Édouard Herriot et de son ministre des Finances. Puis c'est le 6 février 1934.

Il est difficile de comprendre l'impact de cette journée pour les combattants sans pénétrer dans leur univers. Leur grand thème de débat, en 1933, est la réforme de l'État. Ils ont le sentiment que la République s'abandonne, et qu'il faut la réformer pour la défendre. L'UNC pousse beaucoup en ce sens, appuyée par la Semaine, tandis que l'UF et les associations de gauche multiplient les réserves.

Lassée de ces résistances, l'UNC lance seule une campagne d'opinion qui s'ouvre, en octobre 1933, par un grand meeting, salle Wagram. Il en sort un manifeste vague et moralisateur, qui marque cependant clairement sur quels points l'on doit améliorer le fonctionnement du régime. C'est dans ce contexte que survient l'affaire Stavisky. Elle confirme les combattants dans l'idée que le régime bat de l'aile et se détruit de l'intérieur. Tel est l'état d'esprit des manifestants de l'UNC, au soir du 6 février. Assurément, leur manifestation est distincte de celle des ligues, et leur cortège tourne le dos à la Chambre, mais, au lieu de descendre les Champs-Élysées, il pouvait les remonter, conformément à un itinéraire habituel pour les combattants. Incontestablement, les dirigeants de l'UNC ont voulu « leur » manifestation, et elle se termine mal, mais leurs troupes les suivent sans arrière-pensée pour que la France vive dans l'honneur et la propreté.

Le 6 Février ne fait pas l'unanimité parmi les combattants. L'UF et la Confédération se désolidarisent explicitement de la manifestation UNC ; la FNCR et les associations politiques la condamnent. Au sein même de l'UNC, des remous se produisent. Si certains départements approuvent chaleureusement les Parisiens, d'autres les condamnent, tout en s'inclinant devant les victimes. La méthode semble discutable : ce n'est pas dans la rue qu'il faut défendre l'ordre, et sortir de la légalité n'est pas une bonne manière de promouvoir la réforme de l'État.

Cependant, par un paradoxe apparent, la manifestation controversée soude l'unité du mouvement combattant autour du thème de la réforme de l'État. La droite avait été convaincue par l'instabilité ministérielle et les scandales de sa nécessité ; la gauche est conduite à la même conclusion par la démission de Daladier, le revirement des radicaux qui renient les engagements pris envers leurs électeurs et rallient l'union nationale, bref, par l'incapacité du régime à faire face à l'événement. Il n'est plus possible de continuer de tels jeux. Le mouvement combattant adopte donc, unanime, des propositions modérées de révision des institutions, parmi lesquelles figure la dissolution sans l'avis conforme du Sénat.

Pour ne pas avoir de difficultés avec les combattants, Doumergue avait pris le secrétaire général de la Confédération comme ministre des Pensions. Mais Rivollet résiste assez bien aux pressions des financiers et il limite à 3 % le prélèvement sur les pensions et retraites. Il réussit en outre à en faire accepter le principe à ses mandants, mais ceux-ci posent comme condition que le gouvernement entreprenne une action résolue dans plusieurs domaines. Or Doumergue déçoit : il administre au jour le jour. Le 8 juillet, la Confédération constate qu'il n'a pas amorcé les réformes nécessaires. Du coup, elle éclate en deux blocs d'égale importance, et à une voix de majorité seulement — encore avait-il fallu forcer un peu le résultat — elle renonce à demander à Rivollet de quitter le gouvernement. Le clivage est sans remède : pour ou contre Doumergue. L'unanimité confédérale est définitivement rompue.

L'obstination de Rivollet à rester ministre jusqu'en juin 1935 achève de discréditer la Confédération. Tandis que l'UNC combat le Front populaire qui se forme, les associations de gauche et parfois l'UF le soutiennent. Les effectifs reculent de façon nette, mais limitée. Puis c'est l'expérience Blum, où les combattants retrouvent une certaine unité pour préconiser la concorde dans l'acceptation loyale des lois sociales de 1936, en condamnant toute tentative pour les dépasser comme pour revenir sur elles. L'UNC présidée par Jean Goy et l'UF de Pichot se rapprochent alors, devant la montée des périls, dans une conception analogue d'un rôle moral qu'elles veulent assumer. Au lendemain de Munich, qu'elles approuvent, elles réclament la constitution d'un gouvernement de salut public autour de Daladier. Mais les associations plus corporatistes se cantonnent à la défense des victimes de guerre et ne les suivent pas. La guerre et la débâcle trouvent le mouvement combattant en plein désarroi.

LE POIDS SOCIAL

Le mouvement combattant est incontestablement un mouvement de masse. Mais qui touche-t-il ? Dans la nation, quel est le poids des hommes de la guerre, et parmi eux, celui des associations[11] ?

Dans la France métropolitaine, il y a eu un peu moins de huit millions de mobilisés (7 893 000). Près d'un million et demi n'ont pas survécu à la guerre (1 451 340), les uns tués au feu ou morts dans les hôpitaux de la zone des armées (1 322 100), les autres dans les hôpitaux de l'intérieur. Parmi les 6 441 660 survivants, la mortalité normale a provoqué chaque année des disparitions, si bien qu'il reste environ 5 850 000 survivants en 1930, et 5 490 000 en 1935. Sur cent hommes adultes (vingt ans et plus), on compte alors respectivement 45 et 42 mobilisés de la Grande Guerre. C'est dire que, s'ils ne sont pas majoritaires dans la population adulte masculine, ils en constituent une part considérable.

De ces combattants, il est difficile de dire combien adhèrent aux associations, car celles-ci ne regroupent pas qu'eux. Elles touchent également des ascendants, des veuves et des orphelins, dans une proportion de l'ordre de 10 % de leur effectif. Compte tenu des estimations déjà présentées, cela signifie que les associations représentent entre 2 700 000 et 3 100 000 combattants organisés, soit près d'un survivant sur deux.

Ainsi, dans la France des années 1930, un peu moins d'un homme sur deux est un Ancien Combattant, et la moitié des combattants adhère à une association. Le mouvement combattant regroupe donc près du quart de l'électorat. Voilà un fait capital, qu'il ne faut jamais oublier, si l'on veut évaluer l'impact de ce mouvement.

Mais quels combattants rejoignent les associations ? Entre eux et ceux qui préfèrent rester en dehors du mouvement, existe-t-il une différence, et, si oui, de quelle nature ? Est-elle d'ordre militaire, géographique, social ou politique ? Et tout d'abord, les associations sont-elles une sorte de syndicat des victimes de la guerre ?

C'est difficile à dire. La guerre de 1914 a fait beaucoup de blessés, mais on ne sait exactement combien. Le chiffre généralement avancé est de 2 800 000 blessés, mais il est probablement inférieur à la vérité et l'on doit plutôt retenir une évaluation de 3,2 à 3,4 millions de blessés. C'est un bilan impressionnant : près d'un blessé pour deux soldats mobilisés, y compris ceux qui sont restés dans des bureaux. Ou encore, de deux soldats qui reviennent de la guerre, l'un est blessé, l'autre indemne.

Naturellement, tous les blessés ne l'ont pas été grièvement. Certains n'ont conservé aucune séquelle. D'autres sont définitivement mutilés ou infirmes. Certains ont été blessés deux fois, trois fois même. Au total, il y a un peu moins de 1 100 000 pensionnés de la guerre dans la France des années 1930, mais tous ne sont pas des blessés, car les malades, notamment les paludéens et les tuberculeux, ont facilement obtenu une pension par le jeu de la présomption d'origine. C'est là une différence majeure entre la législation de 1831 et celle de 1919. Alors qu'auparavant, pour obtenir une pension, il fallait prouver que l'infirmité provenait du service, désormais, toute infirmité constatée à l'issue du service était présumée imputable à celui-ci et donnait droit à pension, sauf si l'État prouvait que l'infirmité avait une autre origine. Or, pour garnir le front coûte que coûte, on avait pris bons pour le service armé des hommes qui étaient déjà malades. L'armée était mal venue de reprocher à un tuberculeux de l'avoir été avant la guerre : pourquoi, alors, l'avait-elle mobilisé ? Quoi qu'on ait dit, d'ailleurs, les pensions injustifiées furent rares, et les pensions pour maladie ne représentent guère qu'un quart environ du total des pensions. Il y a donc en France, vers 1930, environ 800 000 pensionnés pour blessure, et 300 000 pensionnés pour maladie.

Ces chiffres sont considérables, et leur signification, tant sociale qu'économique, mériterait attention. Pour le mouvement combattant, ils ne sont pas non plus indifférents. Un survivant sur cinq, soit 20 %, bénéficie d'une pension. Dans les associations, la proportion est un peu supérieure : 30 %

environ. Cela signifie que presque tous les pensionnés adhèrent à une association, alors que 6 combattants non pensionnés sur 10 restent en dehors. Le mouvement combattant apparaît alors comme un syndicalisme des victimes de la guerre.

Ce trait est renforcé au niveau des appareils dirigeants. En effet, les associations sont lourdes à gérer. Il faut du temps à un responsable départemental pour administrer une ou deux centaines des sections, publier un journal, siéger dans plusieurs comités, mener une œuvre sociale importante. C'était plus facile quand on était dégagé de toute obligation professionnelle. Les associations ont trouvé des dirigeants disponibles, capables de se dévouer sans compter, parmi les grands invalides à qui leur pension assurait une modeste aisance. 60 % des dirigeants nationaux et départementaux sont des pensionnés (contre 30 % des adhérents, et 20 % des survivants). Qui plus est, ils sont titulaires de pensions supérieures à la moyenne : 41 % d'entre eux atteignent ou dépassent 70 % d'invalidité, contre 14 % dans l'ensemble des pensions.

Il ne faut pas exagérer cependant cet aspect corporatiste. Si le mouvement combattant est une sorte de syndicat, d'ailleurs nécessaire — le sort des blessés pendant la guerre le prouve —, il est aussi tout autre chose. Car enfin, plus de la moitié de ses membres n'ont aucune pension et n'en demandent pas. Les combattants non pensionnés sont majoritaires dans les associations, et leur adhésion ne s'explique pas par un intérêt matériel. L'analyse par classes d'âges est, sur ce point, éloquente : le taux d'adhésion n'est pas sensiblement plus élevé chez les combattants qui ont l'âge de la retraite ou qui en approchent que dans les jeunes classes.

Un lieu de sociabilité

En fait, le mouvement combattant est beaucoup plus qu'un syndicat, parce que, dans ses dizaines de milliers de sections rurales, il reprend une forme traditionnelle d'association, unanime et polyvalente. Les taux d'adhésion aux associations sont en effet très différents dans les villes et dans les campagnes : 70 à 80 % des combattants titulaires de la carte adhèrent aux associations, dans les bourgs et les villages, contre 50 à 60 % dans les villes, et 38,8 % à Paris. À la campagne, appartenir à l'association, quand elle existe — c'est le cas dans deux villages sur trois — est une chose qui va de soi. Peu importe l'affiliation nationale de l'association, que la plupart ignorent : elle est unique et elle s'impose. Elle reprend une forme traditionnelle de sociabilité, un peu comme une confrérie laïcisée. Elle entretient le culte des grands morts — ses « patrons » — mais elle déborde également vers d'autres activités. Groupant la plupart des adultes, à une époque où les jeunes sont particulièrement peu nombreux, tant du fait de la démographie — les classes creuses de la guerre — que de l'exode rural, l'association joue tout naturellement un rôle majeur dans l'organisation des fêtes collectives, des sorties et des excursions. C'est en même temps une société de secours mutuel. C'est enfin une porte ouverte sur l'extérieur : on souhaite y entendre parler aussi des grands problèmes de la vie nationale.

Du coup, les associations sont socialement marquées. Les ouvriers y sont sous-représentés. Certes, ils y sont présents, et présents en nombre : 33,4 % dans l'Aisne, 21,6 % dans le Loir-et-Cher, 37,5 % dans la Seine ; ce ne sont pas des contingents négligeables. Il reste que le centre de gravité des associations est déplacé vers la société rurale, et qu'elles représentent mieux les paysans que les ouvriers des villes.

Cette différence entre la clientèle des associations et l'ensemble de la population est capitale. La sous-représentation du monde ouvrier, la sur-représentation du monde rural donnent au mouvement combattant son caractère particulier. Mais d'autres différences méritent attention. Le monde du commerce et de la boutique, notamment, tient une place plus large dans les associations que dans la nation. Il en va de même pour les employés et les petits fonctionnaires, alors que la part de la bourgeoisie correspond à son importance moyenne. Les associations de combattants ne se définissent donc pas seulement par leur dominante rurale : elles sont aussi, pour les classes moyennes inorganisées, un lieu privilégié de rencontre, d'expression et peut-être d'action.

Mais nous avons jusqu'ici considéré les associations comme un tout. N'y aurait-il aucune différence entre leurs clientèles ? Leurs orientations politiques n'entraîneraient-elles aucune conséquence pour leur recrutement ? Tel est bien le cas, en effet, dans l'ensemble. Quelques situations particulières ont pu être examinées de près. Dans le Loir-et-Cher, par exemple, les manœuvres, journaliers et ouvriers vont indifféremment à l'UNC ou à l'UNMR rivale, située un peu à gauche. Seuls les ouvriers protégés par un statut, ceux qui sont le plus fortement syndiqués, les cheminots, les cantonniers, les ouvriers des services publics, marquent une réticence envers l'association de droite. Le même trait se retrouve dans l'Aisne. Dans la Seine, l'UNC compte 25 % d'ouvriers qualifiés (moyenne des titulaires de la carte : 24,8 %) et 10,3 % d'ouvriers non qualifiés (moyenne : 10,6 %). C'est sensiblement moins que les associations de gauche (ARAC, FOP, FNCR et associations voisines, où les pourcentages sont respectivement de 33,4 et 13,8 %. Mais l'UNC est beaucoup plus puissante que ces associations, et elle compte au total plus d'ouvriers qu'elles. Inversement, elle ne fait pas figure d'association bourgeoise, avec une proportion de cadres supérieurs et de membres des professions libérales (8,1 %) à peine inférieure à la moyenne (8,3 %). Les véritables associations bourgeoises sont les Amicales régimentaires. Non seulement elles regroupent une proportion impressionnante d'officiers et de sous-officiers (dans la Seine, 23,9 % d'officiers et 31,3 % de sous-officiers, contre 7,1 et 18,8 pour l'UNC, et, pour l'ensemble des titulaires de la carte 15,6 et 17,6), mais les catégories socioprofessionnelles supérieures y constituent 26,1 % des adhérents. Cependant, ces associations très marquées socialement sont au total peu puissantes : nous leur avons accordé 125 000 membres au sein d'un mouvement de trois millions d'adhérents. À côté des gros bataillons de l'UF et de l'UNC, les associations socialement et politiquement marquées ne constituent, à droite comme à gauche, guère plus qu'une escouade.

La sociologie des associations renvoie ainsi à leurs objectifs. Les grosses associations s'affirment apolitiques et s'adressent à l'ensemble des combattants : elles recrutent dans tous les milieux sociaux, sans autres distorsions que celles nées de leur extraordinaire implantation rurale. Inversement, les associations à définition plus étroite, politique ou militaire, ne concernent qu'une minorité infime de combattants (10 % environ de ceux qui adhérent à une association), mais, en contrepartie, leur recrutement est socialement marqué. Il n'y a rien là pour surprendre.

L'encadrement

Plus intéressante semble l'analyse du recrutement des dirigeants d'associations. Les présidents de sections sont encore très proches des adhérents. Mais les dirigeants départementaux et nationaux se recrutent dans des milieux sociaux plus élevés, qui ne sont d'ailleurs pas exactement les mêmes pour chacune des grandes associations. Une analyse portant sur 632 responsables permet de relever à cet égard d'intéressantes différences, que résume le tableau suivant :

	ensemble	UF	UNC
Professions libérales et cadres supérieurs (secteur privé)	25,8 %	12,8 %	46,4 %
Cadres supérieurs (secteur public)	6,2 %	7,9 %	3,6 %
Petits patrons du commerce	16,4 %	21,7 %	16,7 %
Cadres moyens (secteur privé)	6,3 %	3,4 %	8 %
Cadres moyens (secteur public)	15 %	28,6 %	1,4 %
Employés (public et privé)	13,4 %	15,3 %	8 %
Ouvriers et agriculteurs	3,9 %	3,9 %	0
Divers et indéterminés	12,5 %	6,4 %	15,9 %

Les ouvriers et les agriculteurs, qui constituent partout le gros des troupes (60,5 % dans l'Aisne, 68,8 % dans le Loir-et-Cher), ne jouent aucun rôle dans l'encadrement des associations. En revanche, les classes moyennes sont prépondérantes. Les petits patrons du commerce, les artisans, les cadres moyens, les employés et les fonctionnaires subalternes fournissent au mouvement combattant plus de la moitié de ses dirigeants (51,1 %), alors que les cadres supérieurs et les professions libérales ne lui en donnent qu'un tiers (32 %). Certes, les responsables nationaux appartiennent généralement à des milieux un peu plus élevés que les cadres départementaux. Il reste qu'on aurait pu attendre que la bourgeoisie proprement dite l'emporte de très loin. Or ce n'est pas le cas. À la tête du mouvement combattant, on trouve bien des avocats, comme Edmond Bloch ou Henri Lévêque à l'AGMG, ou Henri Chatenet à l'UNMR, des agents d'assurance comme Henri Rossignol (UNC) ou des professeurs de faculté comme René Cassin (UF). Mais on y trouve plus encore des professeurs d'école primaire supérieure, comme Henri Pichot et Maurice Randoux, des percepteurs comme Paul Brousmiche (UF) et des voyageurs de commerce comme Georges Rivollet.

Il s'en faut d'ailleurs que les grandes associations, voisines dans leur clientèle, le soient aussi dans leur encadrement. L'UNC est sensiblement plus bourgeoise que l'UF : elle accorde deux fois moins de places aux employés dans son personnel dirigeant, mais inversement quatre fois plus aux membres des professions libérales et aux cadres supérieurs du secteur privé. Surtout, ses dirigeants n'appartiennent pas aux mêmes familles professionnelles et idéologiques. L'UF est dominée par les cadres moyens et supérieurs du secteur public (36,5 %) : instituteurs, professeurs de lycée ou d'université, chefs de bureaux des mairies et des préfectures y jouent le premier rôle, suivis des petits patrons du commerce et des intermédiaires. L'UNC semble au contraire allergique à tout ce qui vient du secteur public (5 %). On voit jouer ici manifestement des réseaux différents de solidarités sociales et idéologiques, lourds de conséquences politiques. La laïcité n'a certainement pas la même valeur de part et d'autre et le clivage entre la droite et la gauche reste sociologiquement perceptible.

Les différences d'encadrement s'accompagnent de formes d'organisation et de direction politiquement marquées. L'UNC fait la place plus large que l'UF aux notables traditionnels, mais c'est qu'elle règne dans des régions de « dépendances acceptées », pour reprendre l'expression de Pierre Barral. Ses réunions sont des rassemblements déférents, autour de présidents reconnus en raison de leur situation personnelle autant que des services rendus, et l'on voit même en Anjou organiser une « prise de présidence » comme une prise de commandement militaire, à la tête d'un groupe régional. Les formes de sociabilité qui prévalent à l'UF sont plus égalitaires, plus républicaines. Le souci de respecter les règles juridiques y est plus grand. Les élections s'y font à bulletins secrets, alors qu'à l'UNC on vote généralement à main levée, ce qui n'exclut pas la discussion démocratique comme on le voit dans les grandes circonstances. Les sections et fédérations de l'UF délèguent un représentant à l'échelon supérieur : souvent le président ou le secrétaire général, mais c'est à elles d'en décider. À l'UNC la voie hiérarchique semble évidente, et les présidents représentent de droit leurs groupements. L'on pourrait multiplier les détails qui confirment ces nuances.

Il reste que, malgré ces différences de sensibilité, ici plus républicaine et là plus conservatrice, malgré les différences de niveau social dans le personnel qui dirige les associations, le mouvement combattant est un mouvement de masse, à dominante populaire, et surtout rurale, encadré par la petite bourgeoisie des classes moyennes. Il n'est aux mains ni de l'aristocratie, ni de la haute bourgeoisie d'affaires, ni même de la bourgeoisie traditionnelle des hommes de loi et des propriétaires, encore que leur rôle ne soit pas négligeable. Ce vaste regroupement d'agriculteurs, d'employés et d'ouvriers est dirigé, pour l'essentiel, par des voyageurs de commerce, des chefs de bureau et des instituteurs.

D'où un problème d'interprétation, devant les positions affirmées par les porte-parole du mouvement combattant. S'agit-il, comme ils le prétendent, d'une réaction de génération ou d'une réaction de classe ? Expriment-ils le sentiment des hommes de la guerre, ou celui des cadres moyens et des intermédiaires du commerce ? Parlent-ils en Anciens Combattants ou en petits-bourgeois ? L'un et l'autre sans doute, et suivant un équilibre délicat, variable selon les situations et les problèmes. Ce sera notre tâche que d'en tenir l'exacte balance.

Chapitre III

ANTIMILITARISME ET PACIFISME

L'une des méprises les plus graves consiste à prendre les associations de combattants pour des organisations militaristes et bellicistes.

Cette méprise est fréquente, notamment à gauche. C'est ainsi que, pour le 11 novembre 1932, le maire socialiste de Grenoble prétendit interdire aux combattants de participer à l'inauguration du monument aux morts en corps constitué et avec leurs drapeaux, qu'il traitait d'« emblèmes militaristes et guerriers ». L'association refusa tout net, et le maire dut finalement céder[1].

Les protestations indignées des combattants devant de telles accusations ne suffisent pas cependant à fonder un jugement. Nous serions moins catégorique si les preuves ne s'accumulaient. L'antimilitarisme des combattants est attesté à la fois par leur style d'organisation, par leur action, et par les opinions qu'ils expriment, notamment sur la guerre et la paix.

LE REFUS DE L'ORGANISATION MILITAIRE

C'est l'un des traits qui sépare le plus nettement les Croix-de-Feu du mouvement combattant. Le colonel de La Rocque a en effet calqué l'organisation de sa ligue sur celle d'une armée. Les « dispos » notamment, structurés en trois « divisions », elles-mêmes subdivisées en « groupes » et en « mains » de 5 hommes, évoquent un régiment, plus qu'une association démocratique. Le style de commandement est d'ailleurs tout militaire : le 6 février 1934, le colonel dirige ses troupes de son PC, comme à l'exercice.

Le signe extérieur d'une organisation militaire, avec l'uniforme, c'est le pas cadencé. Les Croix-de-Feu ont un début d'uniforme, et ils défilent au pas. Les combattants s'y refusent au contraire, de propos délibéré, pour bien marquer qu'ils ne sont plus des soldats. De ce point de vue, ils s'éprouvent profondément différents des Anciens Combattants allemands. Voici par exemple une lettre ouverte à un Casque d'acier, publiée par le journal de l'UNC.

Chez nous, vois-tu, mon vieux Fritz, il serait *impossible* de réunir 160 000 anciens combattants en uniforme et sac au dos pour se balader derrière des drapeaux. Certes, nous nous réunissons souvent, et lorsque nous devons aller, en rangs, comme autrefois, de la gare au monument aux morts, nos défilés sont plutôt lamentables. Nous sommes des civils. Nous n'avons aucun goût pour le pas cadencé.[2]

Ce n'est pas là inquiétude tardive devant la montée du national-socialisme. Le ton n'était pas très différent en 1924, sous une autre plume :

Les fêtes patriotiques organisées au-delà du Rhin ressemblent étrangement à des prises d'armes. Rien n'y manque, hormis les armes.

Revêtus de leurs uniformes, Fritz et Dudule, aujourd'hui comme hier, et bien que redevenus civils, défilent au pas de l'oie devant les mêmes généraux et sous le commandement des mêmes officiers.

Oui, vraiment, ces gens sont différents de nous.[3]

Un observateur allemand souligne la même différence. Paul Distelbarth fréquentait beaucoup les milieux combattants des années 1930, et prenait volontiers la parole dans des meetings pacifistes. Pour lui, les Français sont d'excellents guerriers, mais ils ne sont pas militaristes :

Les Français sont ahuris de voir que dans d'autres pays des hommes, sans y être forcés, mettent le sac au dos et marchent au pas cadencé ; à cela, ils ne trouvent ni rime ni raison. La majorité écrasante des anciens combattants, qui ont cependant prouvé leur valeur guerrière, s'y refuseraient avec indignation.[4]

De fait, jamais un défilé d'association, fût-il gros de plusieurs milliers de combattants, ne prend l'allure martiale du pas cadencé.

Le refus du militarisme date de la guerre même. Il lui donna son sens : les soldats se battaient pour abattre le militarisme allemand, et éventuellement français. De nombreux témoignages en signalent le mûrissement. L'état-major trouvait aux cadres de réserve l'esprit guerrier, mais non militaire[5], et le docteur Voivenel notait :

Plus il est soldat, plus le combattant de la guerre actuelle redevient civil.[6]

Le *Journal des mutilés* n'hésite pas, en pleine guerre, le 15 juin 1917, à publier une anecdote intitulée « Je suis antimilitariste ». C'est une rencontre entre deux camarades, dont l'un, un capitaine, demande à repartir au front alors qu'il a été déjà blessé quatre fois. Il explique :

La caserne, l'exercice, les cancans, les contraintes, non merci. Le front ou la réforme, il n'y a pas de milieu…

Et le dialogue se termine :

— Avant peu, tu seras commandant ! La guerre finie, ta situation est toute trouvée, tu restes dans l'armée et…

Le héros m'arrêta net :

— Ah ! non, par exemple, rugit-il.

Et devant mon étonnement, il ajouta avec un grave sourire :

— Moi ! Mais je suis antimilitariste, mon bon vieux.

Au héros antimilitariste répond l'antimilitariste qui se bat bien :

Ma haine de la guerre et du militarisme va toujours grandissante.

Mais, comme les autres, j'ai mis sac au dos. J'ai vécu des heures terribles ; maintes fois, j'ai vu la mort de près ; cependant, j'ai fait ce que certains appellent « leur devoir ». Sans me vanter, sans vaine gloriole, je puis dire que souvent j'ai montré à des chauvins d'hier, êtres aujourd'hui flapis, comment sait se conduire un bougre ayant récolté 11 ans de prison pour antimilitarisme. Je n'en suis pas plus fier pour cela et j'aspire de toutes mes forces après la paix libératrice.

C'est un syndicaliste révolutionnaire qui parle ainsi, dans une lettre à Léon Jouhaux[7].

L'antimilitarisme des guerriers

Le paradoxe du guerrier antimilitariste s'éclaire si l'on comprend que le refus fondamental vise la forme militaire d'exercice de l'autorité. Les combattants n'aiment pas les officiers d'active. Ils leur confient d'ailleurs rarement des responsabilités dans leurs groupements : sur 632 dirigeants connus avec précision, je n'ai trouvé que 14 officiers d'active, pour la plupart à la tête de groupes UNC. La différence est sensible, sur ce point, d'avec les associations de 1870, et l'on mesure mieux combien les Croix-de-Feu se singularisent en prenant pour chef un colonel qui, de surcroît, n'est pas un grand invalide.

Aux officiers d'active, les combattants reprochent d'abord d'attacher trop d'importance à des règles formelles ; dépourvues de justifications profondes, et qu'ils imposent dans un esprit rigide, lourd de mépris pour les subordonnés. L'exigence du salut militaire est ainsi ressentie comme une véritable brimade. Maurice Genevoix nous en donne un exemple, durant sa convalescence :

Trois jours après, dans un square de la ville, un capitaine m'engueulait odieusement parce que je l'avais « mal » salué, ne m'étant levé qu'à demi du banc où je rêvassais. Je lui montrai ma cheville mutilée. Il n'eut pas un mot de regret, d'indulgence. « Comme vous, dit-il, je suis mutilé d'une jambe. Je rectifie pourtant la position quand je salue un officier supérieur. » De telles misères ! Et ce salaud — ne souris pas, Forcrand : ce

« frère d'armes » était un vrai salaud —, et ce salaud, avec une perspicacité grandiose, conclut du haut de son képi que je ne pouvais être qu'un officier de seconde zone, un réserviste, et qu'avec de pareilles recrues, l'armée française était bien bas et la patrie bien en péril…

Combien de temps l'idiot qui me parlait avait-il eu pour oublier ? Ça y était bien, il était revenu à ses méchants préjugés de caserne, à des bobards de cercle militaire.[8]

C'est dix ans après la guerre que le futur académicien écrivait ces lignes pleines de ressentiment vivace. Il témoigne pour tous ses camarades. En 1964, le peintre Robert Fernier, blessé, trois citations, officier de la Légion d'honneur, note encore :

Rien ne rend plus antimilitariste que la fréquentation des militaires.[9]

et il se souvient avoir refusé de serrer la main de son ancien capitaine, lors d'un banquet d'Anciens de son régiment.

Parfois l'antimilitarisme se fait plus raisonné. Voici par exemple le *Journal des mutilés* qui s'en prend au colonel du 153e RAP pour une note rappelant que tout le personnel devait le salut à tous les officiers :

Ne vous y trompez pas, Monsieur le Colonel […] nous avons voulu abattre non seulement le militarisme allemand, mais tous les militarismes qui donnent naissance aux guerres.

[...] Ce à quoi nous ne consentirons jamais, c'est à une renaissance du militarisme français [...]. Il faut bien vous mettre dans la tête, Monsieur le Colonel, que vous n'êtes pas seul à avoir gagné la guerre [...] et que sans les poilus [...] et sans vos égaux en grade qui ont eu la malchance d'être tués, vous n'auriez pu orner votre manche de cinq galons. Or les poilus et leurs vrais chefs, les officiers de complément, se sont sacrifiés pour abattre le militarisme et non pour permettre à ceux qui ont eu le bonheur d'échapper à la terrible boucherie de s'en servir comme d'un piédestal pour opprimer les malheureux ou les malheureuses placés sous leurs ordres.[10]

Cette agressivité envers les militaires de carrière est caractéristique. Elle s'enracine dans un sentiment très vif de l'égalité. Même sous l'uniforme, les combattants se pensent comme les citoyens d'une même République. C'est le même réflexe qui fait dire à un électeur d'André Maginot voyant celui-ci mobilisé comme seconde classe : « C'est tout de même beau, la République ! » L'insupportable pour un républicain, chez les militaires, c'est une pratique de l'autorité arbitraire et humiliante. On n'a pas assez souligné à quel point le pouvoir militaire est absolu, et traite parfois les soldats en esclaves. Alain note sur ce point des souvenirs précis :

On raconte aux enfants l'histoire des serfs qui battaient l'eau pour faire taire les grenouilles. Mais j'ai tenu, moi qui suis un homme libre, l'écouteur d'un téléphone contre l'oreille d'un capitaine, sans l'y appliquer, parce que ce contact lui paraissait impur et qu'il avait des crampes dans les bras. Ce n'est pas grand-chose qu'un capitaine ; mais, pendant ces années de guerre il y eut plus de distance d'un homme de troupe à un capitaine que du serf au seigneur d'autrefois. J'ai vu des hommes garnir de planches l'intérieur d'un abri crayeux, parce que le commandant s'était blanchi les coudes ; ces hommes dormaient par terre et sans aucun abri. Je signale ces petites choses parce que tous ceux qui écrivent sur la guerre sont des officiers qui ont profité de ces travaux d'esclaves, sans seulement y faire attention [...]

Je finis par apercevoir ceci, que les hommes de troupe pensaient beaucoup à faire la guerre à l'ennemi, et que les officiers pensaient beaucoup à faire la guerre aux hommes de troupe ; et, quelle que fût la fortune des armes, nous étions vaincus, nous autres, dans cette guerre-là. « Ils nous possèdent », disaient les canonniers en leur langage qui cette fois-là se trouvait énergique et juste ; et en disant cela ils ne pensaient pas à l'ennemi.[11]

Il y a plus grave que ces brimades et ces corvées : l'autorité militaire est aveugle et sourde, et elle tue inutilement, par des ordres sans rapport avec la réalité. C'est la découverte des combats de 1914, et beaucoup n'ont jamais pardonné à « ces glorieux panachards qui vous lançaient à l'assaut, baïonnette au vent, à quinze cents mètres »[12]. Puis c'est l'interminable guerre de tranchées, et les attaques sanglantes pour conquérir quelques mètres de terrain. « Dix mille morts par colline ? Est-ce cela qu'on veut ? [...] La guerre, du moins, n'est pas perdue pour tout le monde », s'indigne Maurice Genevoix dans *Les Éparges*[13].

« Le pire, le terrible, poursuivait-il, c'est la clairvoyance des hommes, lente à s'éveiller, mais qui s'éveille. » Et de fait, au moment de Verdun, la plupart des soldats pensent que le commandement n'a aucun souci d'épargner les vies.

Il était de coutume de dire entre nous : « Si tous les généraux, si tous les responsables français et allemands passaient une seule nuit à Verdun, le lendemain matin, au petit jour, la paix serait signée. »[14]

Ce n'est ni un mutin ni un révolutionnaire qui parle ainsi, mais un brancardier de vingt ans, nourri de Déroulède et de Barrès. Peu importent, en effet, dans ce cas, les préférences politiques : on ne peut pardonner aux chefs lointains qui, de leur abri, par inconscience, obstination ou bêtise, vous ont fait risquer votre vie plus qu'il n'était raisonnable et légitime.

LE CITOYEN PLUS GRAND QUE L'ARMÉE ET LA PATRIE

Les combattants ne se contentent pas de garder rancune aux états-majors et aux officiers d'esprit militaire. Contre l'arbitraire du commandement, ils affirment les droits imprescriptibles du citoyen mobilisé, et ils agissent pour les faire respecter.

Les crimes des conseils de guerre

D'une part, avec une rare obstination, ils poursuivent la réhabilitation des victimes des cours martiales. C'est la série bien connue des crimes des conseils de guerre, les fusillés de Vingré, les caporaux de Souain, etc., des innocents exécutés pour l'exemple, le commandement ayant dicté la condamnation[15]. Dans toutes ces affaires, les associations — et l'UNC n'est pas la moins active — s'efforcent avec opiniâtreté de faire voter des lois permettant des recours. Dans un cas, elles demandent même et obtiennent la mise en jugement d'un lieutenant qui, après avoir donné un ordre de repli, avait laissé fusiller six de ses hommes, leur conseillant même de plaider coupable. Elles protestent quand cet officier est acquitté. Elles protestent encore quand la Cour de Cassation rejette certaines de leurs requêtes. Voici par exemple un éditorial du président de l'UNMR, avocat de métier, le député radical Henri Chatenet, sur l'un de ces refus de réhabilitation :

Personne n'y comprendrait rien, si les hauts magistrats de la Cour suprême n'avaient pris la précaution de nous expliquer leur sentence. Ils l'ont rendue telle parce qu'à leurs yeux les quatre caporaux de Souain avaient désobéi en connaissance de cause, sachant ce qu'ils faisaient en maîtres absolus de leurs pensées et de leurs actes, après quatre jours d'un bombardement effroyable, de tentatives d'assaut dix fois repoussées, de manifestations non équivoques de la brutalité inhumaine du même ordre d'avancer, chaque fois obéi, mais chaque fois au prix de la mort inutile d'un grand nombre de braves petits. Ce spectacle sans précédent, cette atmosphère de mort à jet continu, cette ambiance de crime dont le sang français faisait seul les frais, a été sans action sur les cervelles, c'est la Cour de Cassation qui le proclame avec la souveraineté qui s'attache à ses sentences et que justifie la vieille compétence et l'expérience consommée des magistrats qui la composent !

Eh bien non, Messieurs ! Ici nous ne respecterons point votre arrêt. Et voici pourquoi.

Vous l'avez rendu, cet arrêt, motif pris de considérations d'ordre psychologique qui n'ont rien à voir avec le droit. Or, sur le droit, nous vous donnons autorité, autorité absolue. Mais quand vous jugez sur le fait, vous pouvez vous tromper. Et quand vous jugez sur le fait de guerre, que vous ne connaissez pas, puisque vous ne l'avez pas faite, nous pouvons vous dire sans déchoir et sans manquer, que vous ne pouvez pas statuer, à moins d'exposer la Justice dont vous êtes la plus haute expression, à toutes les dérisions.[16]

Après les arrêts de la Cour de Cassation, aucun recours ne subsistait. Les combattants ne s'avouent pourtant pas vaincus, et ils arrachent, à la veille des élections de 1928, la création d'une Cour spéciale de justice militaire, composée de trois magistrats et de trois combattants désignés par le ministre de la Guerre sur proposition des associations. Dotée de pouvoirs exceptionnels, cette Cour spéciale était habilitée à revoir tous les jugements des conseils de guerre non permanents, y compris ceux que la Cour de Cassation avait refusé de casser. La Cour spéciale réhabilita la plupart des victimes innocentes des cours martiales et mit ainsi un terme provisoire à ce douloureux contentieux.

La réforme de la justice militaire

Cela n'était pas encore suffisant : il fallait empêcher le retour éventuel de ces procédures expéditives. Les combattants entreprirent donc de faire réviser le Code de justice militaire. Le principe fondamental est solennellement affirmé par le congrès de l'UF en 1922 :

Le citoyen mobilisé en temps de paix ou en temps de guerre garde toutes les prérogatives attachées à sa qualité de citoyen. Il a droit, sous peine de déni de justice, aux garanties qui sont accordées par la loi aux inculpés de droit commun.[17]

Cette action soutenue par Maginot aboutit à l'adoption d'un nouveau code, en 1928. Les combattants en saluent le vote comme une victoire. C'est le titre de l'éditorial d'Henri Pichot dans le *Journal des mutilés* du Loiret. Il est intéressant de noter quels sont ses motifs de satisfaction :

Le caractère principal de la réforme consiste dans l'institution d'un corps de magistrats militaires compétents, recrutés au concours, pourvus de connaissances juridiques, ayant leur hiérarchie propre et soustraits à l'influence du commandement.

Les inculpés bénéficieront des règles de droit commun concernant les circonstances atténuantes, le sursis, la libération conditionnelle et la réhabilitation. Ils seront défendus par des professionnels du droit.

La peine des travaux publics, celle de la dégradation militaire sont supprimées.

Les peines correspondant aux délits militaires sont adoucies et le nouveau Code définit ce qu'il faut entendre par les termes ou expressions « abandon de poste », « présence de l'ennemi », « mutilation volontaire », « refus d'obéissance ».

Les condamnés pourront se pourvoir en révision, mais la loi prévoit, ce qui est regrettable, la faculté pour le Conseil des ministres de suspendre pendant une période critique, le droit de recours. Cependant, cette disposition ne jouera pas dans le cas de condamnation à mort. En d'autres termes, on ne pourra plus fusiller rapidement, et pour l'exemple.

Les cours martiales ont vécu.

Ainsi, combattants, nous avons rempli notre devoir envers ceux qu'un sort injuste a fait tomber sous des balles françaises, victimes d'un code barbare et de l'aberration de quelques hommes.[18]

Cette action efficace pour faire respecter le citoyen dans le soldat rencontre cependant une double limite. D'une part elle ne remet pas en question l'existence même d'une armée. Les combattants la jugent légitime et nécessaire ; ils l'admettent, pourvu qu'aucun privilège ne l'affranchisse des lois républicaines. Leur opposition à l'armée n'est donc pas absolue. Elle est d'autre part relativement discrète. La réhabilitation des victimes des conseils de guerre ou la réforme du Code de justice militaire ne mobilisent l'opinion qu'à de rares occasions et font peu de bruit. Beaucoup l'ignorent, qui retiennent au contraire la participation des militaires aux manifestations combattantes. On voit des combattants avec des drapeaux, des musiques militaires, des *Marseillaise* et des détachements qui présentent les armes, et l'on conclut au militarisme des combattants.

Le deuil dans la fête

Il faut y regarder de plus près. Deux cérémonies méritent attention, de ce point de vue : le défilé de la victoire et la fête nationale du 11 Novembre.

Le 14 Juillet est traditionnellement marqué par un défilé militaire. Celui de 1919 se distingue par deux particularités toutes deux imputables aux combattants. Il a d'abord été précédé d'une veillée funèbre : depuis le 13, dans l'après-midi, l'Arc de Triomphe a été transformé en chapelle ardente, où les combattants sont allés déposer des gerbes. Clemenceau lui-même est venu s'incliner, dans la soirée, devant le cénotaphe. Second détail : avant les troupes, défila un millier de grands mutilés, avec des petites voitures. Le sens de ces innovations est clair : les combattants n'ont pas permis qu'on fête la victoire en oubliant que la guerre tue, et qu'elle rend infirme. C'est déjà le conseil que donnera plus tard Alain :

> Devant la cérémonie guerrière, s'en aller. Si l'on est tenu de rester, penser aux morts, compter les morts. Penser aux aveugles de guerre, cela rafraîchit les passions. Et pour ceux qui portent le deuil, au lieu de s'enivrer et de s'étourdir de gloire, avoir le courage d'être malheureux.[19]

Certes, les combattants sont contents d'avoir gagné la guerre, et nous avons dit leur intime fierté. Il leur paraît normal que la nation les célèbre : ils ont droit à la reconnaissance publique. Mais elle doit s'adresser à eux, citoyens mobilisés, non à l'armée en tant que corps, Léviathan aveugle et redoutable. Ces « guerriers antimilitaristes » acceptent la fête nationale, pourvu que ce soit leur fête, et que le souvenir des morts comme la présence des infirmes lui donnent un sens purement civique. L'éditorial de Linville, dans le *Journal des mutilés*, à la veille du défilé de la victoire, est à cet égard particulièrement intéressant :

[…] Gloire à vous ! Vous avez abattu le militarisme allemand.

Il est à terre. Il faut, je l'entends bien, que nous veillions à ce qu'il y reste. Mais nous devons veiller aussi à ce qu'à la faveur de la Gloire militaire qui nous enveloppe, le militarisme, qui a, en France, ses partisans, ses fanatiques même, ne s'insinue pas dans les veines de notre pays […]

Donc, supprimons désormais tout ce qui peut éveiller le militarisme dans notre pays.

Les manifestations militaires sont ses aliments. Écartons-les. Plus de cérémonies guerrières. Plus de ces retraites qui excitent l'imagination […]

La Fête du 14 juillet 1919 consacre son triomphe [*de la France*]. Qu'elle soit grandiose, qu'elle soit éclatante, mais qu'elle sonne en même temps le glas de la pompe militaire et de ses œuvres.[20]

La même conception inspire l'organisation du 11 Novembre. Il faut d'abord rappeler un fait : ce sont les combattants qui ont imposé la consécration du 11 novembre comme fête nationale. En 1921, le parlement, soucieux de lutter contre les « ponts », avait repoussé au dimanche 13 la célébration de l'armistice. Ce fut un tollé général dans toutes les associations. Voici par exemple l'affiche que firent placarder les Mutilés des Hautes-Pyrénées :

AUX COMBATTANTS !

NOTRE FÊTE, celle de l'Armistice, est bien le *11 Novembre* !

Notre dignité nous impose de rendre hommage à nos chers morts au *jour anniversaire* où l'infâme tuerie cessa !

Vendredi 11 Novembre 1921, vous serez tous réunis à onze heures au pied du Monument aux Morts, Place de Verdun.

Un cortège se formera et se rendra au Cimetière de la Sède, porter la Gerbe du *Souvenir* « aux victimes du plus grand *Sacrifice* ».

Dimanche 13 novembre, la Fédération des Anciens Combattants *s'abstiendra* de toute manifestation.

Le bureau fédéral.

NOTA. — La manifestation ayant lieu à la sortie des bureaux et des ateliers, nos Camarades sont priés d'y assister en COSTUME DE TRAVAIL.[21]

Les combattants obtinrent gain de cause, et le 11 novembre devint fête nationale en 1922. Deux appels, publiés à cette occasion, précisent le sens de cette célébration. Le premier est celui des Mutilés des Hautes-Pyrénées. Il reprend, en supprimant un paragraphe évoquant la victoire et le retour de l'Alsace-Lorraine, un appel proposé par les grandes associations :

CAMARADES, MUTILÉS ET COMBATTANTS !

Pour la première fois, **nous obtenons** de fêter à son jour et à son heure l'anniversaire du 11 novembre 1918.

S'il est vrai que ce matin du 11 novembre 1918 **fut notre seul jour de bonheur,** s'il est vrai qu'à l'heure où se taisait le canon une aube de prospérité paraissait se lever sur la Patrie, s'il est vrai que nous sentions sourdre en nous une humanité meilleure, attachons-nous chaque année à en perpétuer le souvenir et à inspirer aux générations qui montent à la vie **le souffle ardent** qui nous animait alors.

CAMARADES FÉDÉRÉS OU NON FÉDÉRÉS !

Il s'agit d'affirmer publiquement ce jour-là dans toute la France, à ceux qui seraient tentés de l'oublier, que **nous entendons compter** dans ce pays que nous avons sauvé et que les victimes de la guerre savent dans la Paix rester unies comme au front.

FRANÇAIS !

Vous qui avez connu l'angoisse des jours sans nouvelles, vous qui avez tremblé pour l'être chéri, vous qui pleurez ceux qui ne sont pas revenus, **vous serez avec nous.** Cette fête du 11 novembre que nous **avons voulue** fête nationale est avant **tout la vôtre**.

PEUPLE DE FRANCE, VEUVES, ASCENDANTS, COMBATTANTS

À 11 heures précises, devant le monument de nos morts, nous nous inclinerons pieusement, nous nous recueillerons une minute en souvenir de ce jour à jamais mémorable.[22]

Voici maintenant l'appel des Mutilés du Loiret, que l'organe national de l'UF reproduit en première page (texte intégral).

Appel des Mutilés et des Combattants du Loiret

Camarades, le jour anniversaire de la Victoire, les Hommes de la Guerre ont le devoir de parler.

Nous vous demandons de faire afficher sur les murs de vos villes et de vos bourgs la proclamation ci-dessous :

Pour le Comité d'entente de l'Union
des Combattants du Loiret
et des Mutilés du Loiret,
Henri PICHOT

*
* *

Fête nationale du 11 Novembre

Appel au Peuple

Citoyens !

Les Hommes de la Guerre veulent célébrer **le 11 Novembre**.

Le 11 novembre 1918 marque la fin de la plus épouvantable tuerie qui ait désolé le monde moderne. Pendant cinquante-deux mois, des peuples entiers se sont affrontés sur d'immenses champs de bataille. **Quarante millions d'hommes se sont battus. Six millions ont été tués. Quinze millions ont été blessés.** Des régions populeuses et riches ont été ravagées ; il faudra un quart de siècle pour les ramener à la vie.

C'est **l'Allemagne** qui portera devant l'histoire la responsabilité du sang versé et des ruines accumulées. C'est **l'Allemagne impérialiste, pangermaniste et militariste qui a voulu cette guerre,** qui l'a déclarée et qui l'a poursuivie par les moyens les plus criminels.

La France républicaine et pacifique s'est battue pour la justice, pour la liberté, pour le droit. **Les Hommes de la Guerre** se sont battus contre l'impérialisme, contre le militarisme : ILS ONT FAIT LA GUERRE À LA GUERRE. **Sept millions et demi** de Français ont porté leur vie sur les champs de bataille ! UN MILLION CINQ CENT MILLE SONT MORTS ! **Un million** sont incurablement **mutilés ! Huit cent mille enfants** n'ont plus de père ! **Sept cent mille femmes** n'ont plus de mari !

Citoyens !

Les Hommes de la Guerre veulent que LEUR VICTOIRE consacre l'ÉCRASEMENT DE LA GUERRE !

Ils veulent que **l'Allemagne coupable paye la guerre** qu'elle a déchaînée !

Ils veulent que la **France victorieuse demeure la Patrie du Droit et le Soldat de la Paix**.

Ils veulent qu'à l'anarchie entre les peuples soit substitué le règne du droit entre les nations.

Hommes de la Guerre, en mémoire des luttes géantes que nous avons soutenues ; au nom de **nos frères morts, nous sommes les serviteurs pacifiques de la** SOCIÉTÉ DES NATIONS.

Citoyens !

Avec les **Hommes de la Guerre,** soyez les **Hommes de la Paix**.

Le 11 novembre, jour de la **Victoire,** jour de nos **souvenirs,** jour de nos **deuils,** jour de nos **espoirs,** avec nous sachez vouloir d'un seul cœur :

Liberté, Justice, Paix entre les citoyens !

Justice pour la France !

Paix dans le Monde ![23]

Par-delà son emphase et sa grandiloquence, ce texte est très significatif : la bonne conscience républicaine s'y montre dans l'affirmation de la responsabilité de l'Allemagne impérialiste. Mais on y chercherait en vain un éloge de l'armée ou une exaltation de la force française. L'appel à la Société des Nations, comme l'insistance mise sur les deuils et les sacrifices n'en prennent que plus de relief.

« Maudite soit la guerre ! »

Le refus de faire du 11 Novembre l'occasion d'une manifestation militaire est d'ailleurs explicite. Le congrès de l'UF prend position sur ce point en 1922 de façon catégorique :

La fête nationale du 11 novembre ne comportera aucune manifestation militaire.

Dans toute la France des couronnes seront déposées au pied des monuments aux Morts par les représentants des Associations d'Anciens Combattants et de Mutilés assistés par les représentants du Gouvernement et des corps constitués.[24]

De même, à la fin de l'article qu'il consacre à la façon de célébrer la nouvelle fête nationale, le *Journal des mutilés* se fait précis :

Ce qui importe enfin, c'est que la fête du 11 novembre soit dépourvue de tout apparat militaire. Ni prise d'armes, ni revues, ni défilé de troupes. C'est la fête de la Paix que nous célébrons. Ce n'est pas la fête de la guerre. Nous voulons qu'on laisse les vivants tout entiers au souvenir d'une heure où ils ont précisément savouré l'admirable pensée qu'ils allaient désormais pouvoir vivre pour des œuvres de paix, pour des œuvres civiles.[25]

Mais alors, les drapeaux, les clairons, les *Marseillaise* ? Le déroulement des cérémonies du 11 Novembre ne trahit-il pas ces intentions ? N'est-il pas une concession au militarisme ?

Absolument pas, si l'on consent à déchiffrer ces cérémonies comme un ensemble de signes articulés. Le lieu de la manifestation, comme le nom l'indique, est le monument aux morts. Ce n'est pas un autel de la Patrie, mais une tombe. Certains, il est vrai, arborent un poilu triomphant, encore que le plus grand nombre soient de simples stèles, sans connotations glorieuses ou cocardières. De toute façon, le monument joue dans la cérémonie le rôle d'une tombe. C'est éclatant dans certaines communes catholiques, où l'on se rend en « procession », clergé en tête, de l'église où vient d'être dite la messe des morts, au monument où le prêtre donne l'absoute, tandis que la chorale chante le *De profundis* ou le *Libera.* Partout, le fait de fleurir collectivement le monument — souvent, chaque enfant des écoles y dépose une fleur ou un petit bouquet — comme la minute de silence, forme laïcisée de la prière, et l'appel des morts, emprunté au nécrologe de la liturgie catholique, s'inscrivent dans la ligne des cérémonies funéraires. Le 11 novembre, devant les monuments, on ne célèbre pas le culte de la Patrie victorieuse, mais celui des morts.

C'est si vrai que les chants patriotiques sont rares. Ici ou là, on chante *La Marseillaise.* Encore faut-il souligner qu'à cette époque, et pour cette génération, ce chant n'est pas annexé par la droite : c'est l'hymne national, celui des révolutionnaires de 1789, celui, donc, de la République. Au soir du 9 février 1934, lors de la manifestation communiste contre le fascisme, on voit par exemple un militant de chez Renault, Arthur Dallidet, grimper sur un bec de gaz de la place de la République et entonner *La Marseillaise*[26]. Au pied des monuments, c'est pourtant plus souvent un hymne à la paix, un poème de circonstance, ou l'hymne aux morts de Victor Hugo que chantent les enfants des écoles. Or ce texte célèbre s'inscrit dans la pure tradition républicaine. Quand on chante

Ceux qui pieusement sont morts pour la Patrie
Ont droit qu'à leur cercueil la foule vienne et prie.
Entre les plus beaux noms, leur nom est le plus beau.
Toute gloire près d'eux passe et tombe éphémère ;
Et, comme ferait une mère,
La voix d'un peuple entier les berce en leur tombeau ![27]

on ne célèbre pas le nationalisme face à l'étranger, mais le citoyen mort pour la liberté : l'*Hymne* de Victor Hugo a été composé en l'honneur des victimes de la révolution de 1830. On est en plein civisme républicain.

C'est ce que confirme le sens des échanges et des déplacements. La cérémonie n'est pas présidée par les officiels, mais par les combattants, qui se rangent symboliquement avec leurs drapeaux du côté du monument, c'est-à-dire du côté des morts. Les officiels viennent et déposent une gerbe, ou plutôt une « couronne » : ce sont eux qui bougent et marquent du respect aux morts. Pour s'associer à cet hommage, les drapeaux s'inclinent respectueusement, en signe de deuil. On ne défile pas devant eux, on ne leur rend pas hommage. Symboles de la collectivité, ils expriment sa reconnaissance et son respect pour les citoyens morts à la guerre. Nous ne sommes pas en présence d'une glorification de la patrie triomphante, mais d'un hommage rendu par la collectivité aux morts de la guerre. Ce qui est grand, ce n'est pas la patrie, entité abstraite, ce sont les citoyens, dont les noms sont gravés sur le monument dans l'ordre alphabétique, ou dans l'ordre chronologique de leur mort, mais exceptionnellement selon l'ordre militaire des grades.

Rien ne donne mieux le sens véritable du culte des morts de la guerre que le monument aux morts de Saint-Martin-d'Estreaux (Loire). Sur le devant de ce monument, une niche centrale, ornée d'une pleureuse, est surmontée d'un buste de Marianne et d'une stèle funéraire. De part et d'autre, un peu en retrait, sont gravés les noms des morts, avec leurs photographies émaillées. Une inscription explicite l'intention :

La municipalité a voulu, par la photographie, laisser aux générations futures un souvenir vivant des soldats de sa commune morts pour la France, espérant que dans l'avenir elles s'efforceront par tous les moyens d'éviter le retour de pareille calamité.

Au dos du monument, trois inscriptions, en triptyque. Sur le volet central :

1914-1918
BILAN DE LA GUERRE

PLUS DE DOUZE MILLIONS DE MORTS !
AUTANT D'INDIVIDUS QUI NE SONT PAS NÉS !
PLUS ENCORE DE MUTILÉS, BLESSÉS, VEUVES ET ORPHELINS.
POUR D'INNOMBRABLES MILLIARDS DE DESTRUCTIONS DIVERSES
DES FORTUNES SCANDALEUSES ÉDIFIÉES SUR LES MISÈRES HUMAINES
DES INNOCENTS AU POTEAU D'EXÉCUTION
DES COUPABLES AUX HONNEURS
LA VIE ATROCE POUR LES DÉSHÉRITÉS
LA FORMIDABLE NOTE À PAYER

La guerre aura-t-elle enfin…
assez provoqué de souffrances et de misères… ?
Assez tué d'hommes… ?
pour qu'à leur tour les Hommes aient l'intelligence
et la volonté de tuer la guerre… ?

À gauche :

SI VIS PACEM PARA BELLUM !… ou
Si tu veux la paix prépare la guerre !
est une devise dangereuse

SI VIS PACEM PARA PACEM !… ou
Si tu veux la paix prépare la paix !
doit être la formule de l'avenir

C'est-à-dire

QU'IL FAUT AMÉLIORER L'ESPRIT DES NATIONS
EN AMÉLIORANT CELUI DES INDIVIDUS
PAR UNE INSTRUCTION ASSAINIE ET LARGEMENT RÉPANDUE.
IL FAUT QUE LE PEUPLE SACHE LIRE
ET SURTOUT COMPRENDRE LA VALEUR DE CE QU'IL LIT.

Et sur le volet de droite :

SI TOUT L'EFFORT PRODUIT…
ET TOUT L'ARGENT DÉPENSÉ POUR LA GUERRE
L'AVAIENT ÉTÉ POUR LA PAIX… ?
POUR LE PROGRÈS SOCIAL, INDUSTRIEL ET ÉCONOMIQUE ?
LE SORT DE L'HUMANITÉ SERAIT BIEN DIFFÉRENT.
LA MISÈRE
SERAIT EN GRANDE PARTIE BANNIE DE L'UNIVERS ET
LES CHARGES FINANCIÈRES QUI PÈSERONT SUR LES GÉNÉRATIONS
FUTURES, AU LIEU D'ÊTRE ODIEUSES ET ACCABLANTES
SERAIENT AU CONTRAIRE
DES CHARGES BIENFAISANTES DE FÉLICITÉS UNIVERSELLES

MAUDITE SOIT LA GUERRE ET SES AUTEURS ![28]

Au total, par l'accent mis sur le deuil et le souvenir des morts, le 11 Novembre prend un tour grave et recueilli. On est loin de l'exaltation victorieuse. La preuve nous en est fournie, *a contrario*, par les critiques adressées précisément, d'un point de vue patriotique, à ces liturgies civiques et funéraires. L'un des textes les plus intéressants sur le 11 Novembre est un article du secrétaire de l'Office des Mutilés de la Meuse, président de la Fédération meusienne, un ancien instituteur, le sergent Tapin. Il trouve le 11 Novembre trop triste :

Lisez les programmes des fêtes du 11 novembre [...]

Qu'y trouve-t-on huit fois sur dix ? Rien autre chose que des visites au cimetière, des défilés devant les monuments du souvenir, des dépôts de palmes sur les tombes...

Non, messieurs, non ! La fête du 11 novembre, ce n'est pas cela !

La fête du 11 novembre, c'est un jour de liesse, d'orgueil national, de fête républicaine, l'anniversaire d'une heure fameuse où la France tint sous son genou, en 1918, le boche qui demandait grâce !...

Vous nous faites du 11 novembre une fête des morts. Ce n'est pas cela.

La fête des morts, c'est le 1er novembre et, le 11 novembre, c'est la fête des vivants, des vainqueurs, c'est la fête de l'énergie et de l'héroïsme des enfants de notre sang. [...]

Le 11 novembre, je voudrais voir éclater *La Marseillaise* à tous nos carrefours ; je voudrais voir tous nos gosses sauter, exulter, acclamer Foch et Pétain ; je voudrais voir nos sociétés de gymnastique, de football et rugby en tenue de travail et nous montrant leurs biceps ; je voudrais voir nos salles de théâtre ou de concerts crouler sous les vivats en l'honneur du Poilu.

Le 11 novembre, c'est la fête de la Victoire, c'est la fête du cœur au ventre et du Poil(u) ! [*sic*].

On chauffe une race, messieurs, on ne lui donne pas à respirer du chrysanthème pendant quinze jours. C'est dangereux et c'est trop.[29]

Par contraste, cette harangue virile fait ressortir le vrai caractère du 11 Novembre : elle n'aurait aucune raison d'être si les manifestations combattantes étaient effectivement militaristes. Les commémorations collectives de la guerre de 1914 sont bien placées sous le signe du deuil et de l'espoir de paix, non sous celui de la nation victorieuse.

HAINE DE LA GUERRE ET PACIFISME

Ce qui empêche les combattants de donner dans le militarisme, c'est qu'ils ne le dissocient pas de la guerre maudite.

C'est là un trait général : on ne trouve pas un combattant pour faire l'éloge, même timoré, de la guerre. Rien de plus instructif à cet égard que de suivre le sergent Tapin. Lui qui refuse de respirer des chrysanthèmes pendant quinze jours, et qui rend hommage aux instituteurs dont l'enseignement a préparé la victoire, il leur donne d'étonnants conseils :

Et maintenant, doivent-ils [*les instituteurs*] préparer leurs élèves pour la guerre future, suivant le mouvement cocardier actuel qui entretient l'esprit belliqueux d'autrefois et nous fait passer aux yeux des étrangers pour des impérialistes ? Propager ces tendances, est-ce faire œuvre d'utilité nationale, n'est-ce pas heurter le grand principe de transformation de l'esprit humain qu'on peut arrêter momentanément mais jamais interrompre et dont les étapes successives constituent le progrès ? [...]

Leconte de Lisle et Barbusse, eux, ont maudit la guerre, mais n'ont pas affirmé son impossibilité future : c'est déjà une étape, car haïr la guerre, c'est commencer à la rendre moins probable et après un tel drame, ce nouveau mot d'ordre s'impose, dicté par la sagesse, la science, la raison. Certes, si l'on parcourt les régions dévastées, si l'on s'arrête devant les nombreux et immenses cimetières du front, une telle pensée s'élève du cœur du moindre visiteur. Mais si l'on n'y prend garde, l'histoire de cette grande épopée, avec le temps, deviendra aussi une légende, ses idolâtres réapparaîtront, nombreux et souverains.

Une croisade doit donc aujourd'hui commencer dans le monde entier pour qu'une telle malédiction se transmette de génération en génération, pour que cette haine nouvelle prévienne dans l'avenir un nouveau conflit mondial. Cette tâche incombe aux éducateurs de la jeunesse, instituteurs et prêtres. Ils doivent insister sur l'horreur d'un soir de bataille : les morts, avec leurs grimaces atroces, leurs blessures béantes, la tête fracassée, les entrailles pendantes, les blessés avec leurs attitudes suppliantes, leurs appels suprêmes, les chevaux démesurément gonflés, la fétide puanteur qui plane sur le charnier, au-dessus duquel voltigent la sinistre chauve-souris, la lugubre chouette. Ils doivent décrire la vie horrible du poilu dans la tranchée, dans la boue, dans la fiente, souligner la promiscuité infâme de cette existence souterraine parmi les rats, les poux. Il leur faut relater l'existence atroce des prisonniers dans les camps de concentration, astreints au *hard labour*, couchant sur un matelas de varech en décomposition, dépeindre aussi la vie du blessé à l'hôpital, « le billard », le masque, la jambe d'un camarade dans un panier, derrière un rideau qu'on a oublié de tirer, raconter les souffrances morales de l'homme enlevé brusquement à son foyer, tremblant pour les siens dont le lendemain est incertain… et tout ce qu'a éprouvé l'homme capable de vibrer et de sentir ; souligner surtout la noblesse du soldat supportant toutes ces horreurs, mais aussi sa bestialité, quand acculé par la peur, la rage, la folie sanglante, il commet des actions dites d'éclat, en réalité, actes de sauvagerie ou guet-apens ; s'arrêter enfin sur l'œuvre sinistre des Conseils de guerre, Cours martiales dont les noms seuls font frémir… Nos enfants doivent savoir tout cela, visiter surtout les coins sinistrés de la zone rouge. Oui, enseignez-la, cette haine de la guerre, car elle ne condamne nullement les nobles idées de patrie, défense du sol, dont en Lorraine personne ne se départira jamais. Qui sait si bientôt elle ne se propagera pas dans toute la vieille Europe ?[30]

Cette volonté de propager la haine de la guerre n'est pas isolée. Elle fonde l'insistance à faire participer les enfants aux cérémonies du 11 Novembre. Voici par exemple la suggestion d'obscurs militants du Pas-de-Calais :

Reste à faire l'éducation des jeunes. C'est là une tâche dont nous n'avons pas le droit de nous désintéresser. Nous pouvons obtenir des Ministres compétents que des conférences soient ordonnées et faites dans toutes les écoles et toutes les institutions de France. Le personnel enseignant ne nous marchandera pas son concours pour faire abhorrer cet acte odieux, abominable, qui veut que des peuples règlent leurs différends par les armes. Ce sera d'autre part une leçon d'histoire prouvant une fois de plus que l'impérialisme mène toujours à la guerre et à la débâcle et qu'un peuple vraiment épris de liberté ne doit pas viser à l'hégémonie des continents pas plus qu'à celle des océans.

Ces conférences et ces causeries se feront dans la journée du 11 afin que ce jour soit en même temps la glorification des morts, une belle journée de propagande et un pressant appel à l'esprit d'association. Il faut se pénétrer de cette vérité que la guerre est le plus grand des crimes et qu'il est criminel également de n'en pas chercher ni vouloir la fin. Pour travailler à tuer la guerre, la journée du 11 Novembre s'offre à nous comme une arme précieuse et salutaire. Aussi donnons à cet anniversaire toute sa portée et dans sa plus grande manifestation, attendons-en les bienheureux effets. Nous servirons ainsi tout à la fois la cause de la Patrie et celle de l'Humanité.[31]

La fédération UF du Pas-de-Calais, il est vrai, est à l'avant-garde de l'éducation pacifiste de la jeunesse. Elle organise un concours scolaire dans ce but, dont le succès est prodigieux : 31 prix sont distribués, 100 diplômes, 300 lettres de félicitations. À Bapaume, 500 écoliers font un devoir sur la paix. Les Mutilés de Béthune organisent par exemple en 1927 un pèlerinage au cimetière de Lorette, tout proche. Ils y emmènent les enfants, qui entendent sous la pluie ce discours :

Une pédagogie de la paix

[…] C'est à vous surtout, mes chers enfants, que nous voulons rappeler ce que les croix exigent.

Vous dont le père est tombé et repose ici peut-être, ou dans un cimetière français, même au-delà des frontières […]

Sachez bien que nous mettons nos espoirs, notre confiance en vous, RIEN QU'EN VOUS. […]

Ô certes nous voulons que cet admirable édifice qu'est le patriotisme raisonné soit conservé intact.

Avec le poète nous disons :

Sous l'ardent soleil ou sur la plaine noire et heurtant de leurs cœurs la gueule du canon, ils sont morts, Liberté, ces braves en ton nom. Béni soit le sang pur qui fume vers ta gloire.

Mais avec lui aussi nous aimons répéter :

Ô soif du meurtre !

Acharnement horrible, odeur des morts qui suffoque et navre, soyez maudits devant ces 100 000 cadavres. Et la stupide horreur de cet égorgement.

Vous les petits serez studieux à l'école, vous apprendrez dans l'histoire de France que les plus belles époques ont été celles où fatigués, usés par la guerre, les peuples dans une ère désirée travaillaient en paix […]

Vous serez bons avec vos camarades […]

Vous les grands, vous saurez vouloir […]

Vous la voulez cette paix, n'est-il pas vrai, et vous vous rappellerez demain des sublimes paroles inscrites dans la pierre et que vous devez graver dans votre cœur :

« Peuples soyez unis, hommes soyez humains. »

Voilà ce que les milliers de morts clameraient s'ils pouvaient se lever.

Respectez-les en leur obéissant.

Alors ils ne se seront pas battus pour rien, mais pour une meilleure France, pour un monde régénéré ayant pour devise l'admirable enseignement des Évangiles :

« Tu ne tueras plus ».[32]

La jeunesse n'est pas cependant le seul public visé. Elle est privilégiée, parce qu'elle porte en elle l'avenir, mais les combattants veulent toucher l'ensemble de l'opinion publique. Ils n'ont pas le droit de laisser croire à quiconque que la guerre est acceptable : puisqu'ils peuvent en parler en connaissance de cause, c'est pour eux un devoir que de dire la vérité sur la guerre, et son horreur.

Un incident est à cet égard très révélateur. Le préfet de police interdit en 1926 l'exposition au salon des Indépendants d'une statuette intitulée, par dérision, *Vive la guerre* et qui représentait le buste, à demi dévoré par les vers, les rats et les corbeaux, d'un soldat mort, ligoté dans du barbelé. Devant cette interdiction, le *Journal des mutilés* s'indigne et expose la statue dans sa permanence. Amédée Chivot, un grand mutilé d'ordinaire bienveillant et ironique, consacre à l'incident un article plein d'émotion et de colère :

Quand on entend dire par quelqu'un qui n'a pas combattu : « la guerre est une calamité dont il faut à tout prix éviter le retour », nous avons la sensation, nous autres, que celui qui fait cette réflexion n'en peut mesurer exactement la signification. Il nous semble que le souhait qu'il exprime ne peut qu'être platonique, qu'il n'est pas « senti » intensément.

C'est que la guerre, pour les non-combattants, c'est le communiqué officiel ou les jours sans gâteaux, c'est la boutique fermée ou le champ en friche, c'est le deuil et les larmes, ou la privation, la misère ; mais pour nous, c'est la lutte effroyable, désespérée, contre la terre, la terre qui absorbe, engloutit, happe les êtres, dans une boue gluante, mouvante, par des milliers et des milliers de tentacules invisibles : la terre où l'on creusait du même coup de pelle-bêche son abri et sa tombe ; la terre dans laquelle on vivait, dans laquelle on mourait, mettant un terme à des souffrances inimaginables ; la terre, la boue faite de nos sueurs, de nos larmes, de notre sang presque autant que des eaux du ciel. La guerre, pour nous, ce n'est pas la douleur des autres, la misère des autres, c'est « notre » douleur, « notre » misère, c'est, soufferte par nous, la réalisation de toutes les atrocités.

Devant nos yeux s'agitent des visions que les autres yeux ne peuvent voir, que les autres cerveaux ne peuvent imaginer. Il suffit que l'une d'elles se fixe en nous un instant pour que nous en soyons bouleversés, que les larmes perlent à nos paupières. La seule évocation de nos souvenirs nous fait frissonner.

S'il était possible de matérialiser ces visions de cauchemar, ne serait-ce pas initier un peu les peuples à la vérité sur l'horreur de la guerre ? ne serait-ce pas semer dans tous les cerveaux le germe d'une sainte épouvante qui contribuerait à écarter à tout jamais des esprits l'éventualité d'un nouveau déchaînement de barbarie ? ne serait-ce pas rendre un réel service à l'humanité que la forcer à voir ce qu'elle n'ose pas regarder, la mettre face à face avec la monstrueuse réalité, la contraindre à réfléchir aux conséquences de certains actes irréparables.

Qu'ont cherché Dorgelès dans *Les Croix de bois*, Barbusse dans *Le Feu*, sinon montrer à la masse la réalité tragique de la guerre ? On n'a pas songé à interdire la vente de leurs livres admirables.

Or il s'est trouvé un homme qui, par son talent, a pu matérialiser une de ces images terrifiantes de la guerre. Aussitôt on lui dit : « Cachez cela, ce n'est pas beau ! »

« Ce n'est pas beau ! » Voilà, en effet, ce que nous avons entendu dans la bouche d'une dame, mûre et respectable, qui, près de nous, regardait, saisie, cette face ravagée, sculptée dans l'argile.

Et Chivot poursuit, en élevant le ton :

Pas beau ! Eh ! Madame, croyez-vous donc que c'était beau, la guerre ? C'est précisément parce que vous semblez ne pas vous en douter le moins du monde et que vous êtes un certain nombre dans le même cas, que de telles œuvres devraient être mises bien en vue.

Cela impressionnera les foules, les déconcertera ? Tant mieux. On ne peut pas toujours danser : il faut penser quelquefois. [...]

Cette « propagande », si l'on peut ainsi désigner cette éducation par l'image, en la faisant simultanément dans toutes les nations, aurait un effet beaucoup plus rapide et beaucoup plus certain que les conférences faites par des messieurs graves devant des banquettes poussiéreuses.[33]

Et de fait, les combattants mènent, contre la guerre, une propagande par l'image : la FNBPC présente par exemple en 1927 un diorama sur les visions de la guerre. En Meurthe-et-Moselle, il n'est pas rare que des films de guerre réalistes soient présentés au gala du 11 Novembre, jusque dans certains villages. Pour mobiliser l'opinion contre la guerre, il faut en effet tout d'abord l'émouvoir et l'impressionner. Les raisons pèsent moins lourd que les répulsions.

Organiser la paix

Le pacifisme des combattants n'est pas cependant purement affectif. S'il s'enracine dans des souvenirs encore intenses, s'il en tire sa force, il se justifie aussi par des raisons, et prend la dimension d'une obligation morale.

Il est tout d'abord interdit de faire l'éloge de la guerre. Devant le moindre propos en ce sens, d'où qu'il vienne, les combattants réagissent avec véhémence. Voici par exemple les gens de l'UNC face à une déclaration de Mussolini dont ils font d'ordinaire grand cas. Le Duce avait déclaré :

La guerre seule peut faire valoir entièrement l'énergie humaine en imprimant le sceau de la noblesse sur les peuples qui ont le courage de l'affronter.

Le commentateur du journal officiel de l'UNC relève vertement le propos :

C'est avec de pareils mensonges que l'on provoque la guerre. C'est avec ces solennelles âneries qu'on trompe les peuples, qu'on mobilise les cerveaux et qu'on les prépare aux prochaines boucheries.

Non. Mille fois non, la guerre n'est pas une école de noblesse et d'énergie. [...]

La guerre est un fléau plus redoutable que la lèpre, la peste, le choléra, le cancer ou la tuberculose. La guerre tue non seulement les hommes mais aussi les consciences. La guerre déchaîne fatalement les plus bas instincts et elle laisse des ruines morales plus douloureuses encore que les ruines matérielles et plus tragiques que les hécatombes même.[34]

L'indignation devant ce qu'un article du journal de l'UNC de Paris, le groupe responsable du 6 Février, appelle « une libation aux dieux de la catastrophe »[35], n'est pas pour surprendre. Mais le refus de la guerre va beaucoup plus loin : il n'interdit pas seulement d'en faire l'éloge, mais bien de l'accepter comme une issue normale ou inévitable aux conflits entre nations. C'est ce qui condamne le *Si vis pacem para bellum*, car cette maxime implique une coupable acceptation de l'éventualité de la guerre. Si l'on veut la paix, il faut l'organiser. D'innombrables propagandistes développent inlassablement ce thème à travers toute la France, de congrès départemental en assemblée générale. Entre beaucoup d'autres, suivons l'argumentation de

Pichot, à Bourgoin, en 1930, devant l'assemblée générale départementale de l'Union des Mutilés et Anciens Combattants de l'Isère. Il commence par évoquer la volonté de paix des soldats de la « der des der », et à affirmer le devoir des combattants :

Nous vous demandons de marcher pour la paix ; le plus grand devoir de ceux qui se sont battus, c'est de travailler contre le retour de la guerre. La guerre, il ne suffit pas de la mettre « hors la loi » en des pactes solennels, on n'aurait dressé contre elle qu'une fragile barrière, si l'ayant frappée d'une condamnation universelle, on ne s'employait à supprimer les moyens de la faire […]

Mais Pichot n'affirme pas qu'il n'y aura plus de guerre. Au contraire, des forces travaillent à une nouvelle guerre. Aussi n'est-il pas question de désarmer seuls :

Si on est menacé, il faut pouvoir se défendre, mais le problème n'est pas seulement de se défendre si l'on est menacé.

Le problème de la paix, c'est d'écarter la menace, c'est de faire que la menace ne vienne pas : et pour cela, il faut faire autre chose que dans les temps révolus.

Le vieux proverbe « Si vis pacem para bellum » […] devait dans la pensée des gouvernants être un gage de paix. Eh bien, mes amis, il y a 6 000 ans qu'on prépare la guerre pour avoir la paix ; on n'a jamais préparé la paix parce qu'on devait l'obtenir en se préparant à la guerre, et on n'a jamais trouvé la paix.

La retentissante faillite du proverbe latin est une preuve suffisante qu'il faut trouver autre chose [...]

Il ne faut pas se lasser de répéter que quand on prépare la guerre on a la guerre [...] Préparer la guerre ce n'est pas faire la paix.

Cette solution conduit en effet à tout miser sur un pari, comme au duel.

Nous sommes condamnés au dilemme suivant : ou préparer la guerre et courir le risque de la fortune des armes en cas de conflit, ou chercher un autre moyen pour arbitrer les conflits sans grands préjudices pour personne.

Si nous préparons la guerre, nous ne pouvons dire avec certitude : cet armement nous amènera la victoire ; on part en guerre et la chance des armes tourne [...]

La solution est donc à chercher non dans une politique d'armement, mais dans une sécurité internationale fondée sur l'arbitrage d'un tribunal. L'assimilation des conflits entre nations aux conflits entre individus fonde cette argumentation :

Par une vieille habitude ancestrale, vous tournez la clef dans la serrure le soir quand vous

vous mettez au lit ; s'il fait chaud, vous ouvrez portes et fenêtres, vous avez la certitude d'être en sécurité, vous ne craignez donc pas qu'on vous vole. C'est donc que vous avez confiance dans vos voisins et dans la police chargée de veiller sur votre sécurité. Ce qui est vrai pour les individus est vrai pour les peuples […]

La paix sera la démonstration de la sécurité. Elle ne sera acquise définitivement que lorsque sera affirmée l'autorité d'un Tribunal ayant à connaître les différends entre les peuples et lorsque ce Tribunal aura à sa disposition les moyens de coercition propres à assurer l'exécution de ses décisions […]

Comme les nations sont composées de citoyens, le monde se compose de Nations. Ces nations sont des entités vivantes, et doivent être considérées comme personnes morales, qui agiront dans le concert des nations comme les individus dans leurs pays respectifs.

La paix ne consiste pas à croire qu'il n'y aura jamais entre les nations des différends d'ordre économique ou autres. Dans notre pays, est-ce que nous n'avons pas des gens qui sont toujours en concurrence ? est-ce pour cela qu'ils en viennent aux mains ? est-ce que la raison du plus fort règle les conflits ? Il y aura toujours entre les nations des conflits et des divergences.

La paix consiste à porter ces différends devant les juges et non pas à les régler par les armes.

Le règlement des conflits par les armes n'a jamais été définitif. Le vaincu ne se soumet que contraint par la force ; et déjà il prépare en secret un recours par les armes qui tôt ou tard ensanglantera le monde, pour obtenir l'annulation des traités, la restitution des territoires. [...] La guerre appelle la guerre ; la guerre n'est pas une fin. Quand on perd la guerre, on prépare une nouvelle guerre de revanche [...]

Les Anciens Combattants ne veulent plus la guerre. Entre la guerre et la paix ils ont choisi, la cause est jugée. Le XXe siècle fera la paix, ou la guerre nous tuera tous.

Dans leur presque totalité, ils ont choisi la paix, et surtout, qu'ils sachent le clamer partout. Leur choix repose sur un fait d'ordre intellectuel ; la guerre qui est un crime est tout autant une sottise. Ils ne la répudient pas seulement pour les souffrances injustes et monstrueuses qu'elle perpètre, mais aussi parce qu'elle est la brutalité, le désordre, l'aveu sanglant de l'infirmité intellectuelle. Substituer l'intelligence ordonnatrice aux heurts violents, tel est le problème...[36]

et Pichot conclut naturellement en développant la formule genevoise : Arbitrage, Sécurité, Désarmement.

J'ai longuement cité ce discours parce que j'en ai le texte complet. Mais l'argumentation de Pichot n'a rien d'original. René Cassin, Léon Viala, M. Blanchard, Camille Planche, Henri Chatenet et quelques autres, aidés parfois de Joseph Paul-Boncour ou d'Henry de Jouvenel développent inlassablement les mêmes thèmes aux quatre coins des départements, à partir de 1924. On aurait tort de sous-estimer cette propagande infatigable en faveur de la SDN : menée en termes simples, par des militants dévoués qui faisaient appel au bon sens d'un public qui leur faisait confiance — il remplit les théâtres de province —, elle contribua puissamment à rallier l'opinion publique autour de la politique de Briand.

Un culte : Aristide Briand

Certes, ce ralliement n'est pas sans nuances. À droite, il est tardif et prudent. L'UNC et ses leaders manquent d'enthousiasme. Mais un certain internationalisme démocrate-chrétien, hérité de Marc Sangnier, les pousse dans ce sens. Surtout, ils manquent d'arguments contre ce pacifisme raisonnable. Un pacifisme sentimental et bêlant, celui de la paix à tout prix, appelle une réfutation facile. Mais comment méconnaître les insuffisances de la sécurité par l'armement, et le bon sens qui inspire les partisans de la SDN ? On n'aime guère Briand, de ce côté du monde combattant, mais il finit par échapper à la critique. Voici par exemple l'article nécrologique que lui consacre le président de l'UNC du Puy-de-Dôme. Après une allusion à son rôle de rapporteur de la loi de Séparation dans un esprit d'union entre les Français, Dominique Audollent écrit :

Il [*Briand*] était en accord avec tous les Français. On peut s'étonner d'avoir à redire une vérité première de cette sorte. Mais lorsqu'on entend dire qu'il y a chez nous « des gens qui ont envie que ça recommence », le silence ne suffit pas pour protester, il faut stigmatiser de pareilles assertions [...]

C'est à mon avis une erreur de croire que le meilleur moyen d'avoir la paix est de préparer la guerre [...]

Briand, dans son labeur tenace pour la paix, pour l'arbitrage par la Société des Nations, n'a « ni consenti, ni conseillé, ni désiré aucun sacrifice des garanties militaires ». Ce sont les propres paroles d'André Tardieu redisant sur le cercueil de Briand le sentiment de Maginot sur leur collègue commun [*on notera au passage la caution de deux hommes politiques de droite, tous deux Anciens Combattants*].

Et Audollent conclut en souhaitant que les adversaires de Briand

fassent taire leurs griefs devant son œuvre de paix puisque aussi bien il n'a rien sacrifié d'essentiel.[37]

L'UNC des Ardennes est plus chaleureuse. Son président salue ainsi la mort de Briand :

Dans notre émotion douloureuse, nous ne pouvons, au nom des « sangliers » [*c'est ainsi que s'appellent les combattants UNC de ce département*] et en notre nom personnel que saluer tristement et respectueusement celui qui fut le « pèlerin de la paix », le grand Français qui incarnait si bien la France, avec ses grandes qualités de fierté, de bonté, de justice et de droiture, l'homme enfin qui faisait honneur à l'humanité tout entière.[38]

À gauche, dans l'UNMR, l'UF, la FNCR et les associations socialisantes, le culte de Briand est ancien, profond et émouvant. Aucun homme politique n'a suscité autour de lui un tel consensus parmi les combattants. Très souvent, les congrès départementaux de l'UF ou d'autres associations adressent à Briand des télégrammes de reconnaissance et de soutien. On a vu à quelle écrasante majorité fut votée une motion en ce sens par le Conseil national de la Confédération, en 1929. En témoin avisé, l'Allemand Paul Distelbarth note l'adhésion massive des combattants à la politique et à la personne de Briand :

L'action de Briand aurait été impossible sans eux, car ils le soutenaient dans le pays entier ; lui, d'ailleurs, le savait. Que son nom, depuis sa disparition, ait perdu de son éclat, c'est possible ; mais, pour les Anciens Combattants et pour le peuple, il restera l'homme qui a compris leurs aspirations et leurs nostalgies, les a calmées et satisfaites par la promesse catégorique, non conditionnée, sans équivoque : « Tant que je serai là, il n'y aura plus de guerre. » Cela voulait dire : « N'ayez crainte mes enfants, je veillerai bien à ce que les diplomates et les états-majors ne gâtent plus les choses. » Le peuple français avait en Briand une foi vraiment religieuse.[39]

D'humbles témoignages confirment ce culte. La FNCR demande à ses membres de faire donner le nom de Briand à des rues. Elle organise chaque année un pèlerinage à Cocherel. Elle diffuse, conformément aux plus anciennes traditions de l'imagerie populaire, des portraits de Briand au prix de 5 francs :

Tous les pacifistes
doivent avoir chez eux
à la place d'honneur
le portrait du
Président Aristide Briand
l'apôtre de la paix.[40]

Mais il est des témoignages plus émouvants encore. Ainsi cette plaque déposée auprès du monument aux morts d'Houdain, dans le Pas-de-Calais : « À Aristide Briand, les AC d'Houdain reconnaissants », qui évoque les ex-voto des chapelles de pèlerinage ; ou encore les vers maladroits que publie en avril-mai 1936 *Le Fonctionnaire mutilé* :

Briand, Apôtre de la Paix et Gardien de Genève.
Faut-il qu'il se survive, et magnifiquement
Pour qu'un pareil éclat, qu'un tel déchaînement
De colère, d'insulte et de haine s'élève
Contre ce nom : Briand ! contre ce fait : son Rêve.
Son Rêve clairvoyant de Paix, d'Humanité
Que sa mort a fixé dans la Réalité !
Pèlerin douloureux, splendide, que la pierre
Immortalise aux yeux, debout dans sa lumière,
Âme mélancolique et fière en plein essor
En dépit de la houle, en dépit de la mort,
Briand persiste et se survit dans la pensée
Dans la ferveur et dans l'espérance dressée
Plus haut infiniment que la fureur, hélas !
De ceux qui de tous temps délivrent Barrabas…[41]

Quatre années après la mort du ministre, ce poème sans talent dans un journal technique et apolitique manifeste un souvenir fidèle et touchant : rien ne dit avec plus d'éloquence la profondeur de la popularité de l'apôtre de la paix parmi les Anciens de 1914.

Le devoir civique

Une question se pose cependant. Les combattants voulaient un pacifisme « sérieux et raisonné »[42]. Ils l'opposaient au « pacifisme bêlant »[43]. Ils appréciaient en Briand le refus d'un pacifisme inconditionnel et purement sentimental : René Cassin, par exemple, fait de lui cet éloge :

Pas un instant ce pacifique n'a pris à son compte le faux pacifisme de la lâcheté individuelle et collective, qui, frère du chauvinisme haineux…[44]

Or, à la veille de la guerre, les combattants abandonnent cette prudence. L'UNC et l'UF donnent dans un pacifisme à tout prix qui conduit leurs leaders, Goy et Pichot, à accepter d'être secrétaires du Comité France-Allemagne, à rencontrer Hitler, et à entretenir des contacts suivis avec l'organisation nazie des combattants. Le 12 juillet 1936, une manifestation monstre réunit à Verdun une foule de combattants venus de toute la France, pour prêter, avec des Italiens et des Allemands, le serment de vouloir la paix. En 1938, ce sont des Munichois actifs et déterminés. Comment expliquer ce glissement ?

Il ne s'agit pas d'une quelconque sympathie envers le régime hitlérien, mais, fondamentalement, d'une exigence morale. Le pacifisme n'est pas seulement une réaction instinctive et un raisonnement. Les combattants ne se contentent pas de se souvenir, et de penser que les guerres ne règlent rien. C'est pour eux un devoir moral que de refuser la guerre, et jusqu'à son idée même.

Voici par exemple un discours de Jules Romains qui eut un certain retentissement. Il fut prononcé le 30 octobre 1938, à l'occasion du vingtième anniversaire de l'UF de la Haute-Garonne. Il dénonce un retour insidieux à l'esprit de découragement : « À quoi bon ? nous murmure-t-il. Quand les choses en sont à ce point, s'imaginer qu'on écarte la catastrophe est un leurre. On la retarde tout simplement. On recule pour mieux sauter. » Idée très pernicieuse, que les dirigeants ont moins que personne le droit d'accueillir. Pas plus qu'aucun médecin n'a le droit de se dire au chevet d'un grand malade : « À quoi bon le sauver ? Il aura dans six mois une nouvelle crise qui l'emportera. » Qu'en sait le médecin ? [...] Une guerre différée est peut-être une guerre qui n'aura jamais lieu.[45]

Pour les combattants, en effet, le citoyen n'a pas plus le droit de se résigner à l'éventualité de la guerre que le médecin à celle de la mort, et leur pacifisme volontairement aveugle pourrait être comparé à certaines formes d'acharnement thérapeutique. Alain fonde ce refus, qui voit dans le fatalisme une résignation, et donc un début de réalisation : ce qu'un homme

a d'abord pensé comme inévitable, il contribue à le faire par cette croyance même. S'il se croit entraîné au crime, il tuera ; si au suicide, il se tuera ; s'il se croit naturellement et invinciblement paresseux, il le sera, et ainsi du reste. Encore bien plus clairement, si tout un peuple croit que la guerre est inévitable, elle sera réellement inévitable.

D'où le précepte :

De même qu'il faut avoir la doctrine de la folie évitable si l'on veut arrêter sur la pente quelque esprit prophétisant sur soi, de même il faut considérer, par invincible préjugé, la guerre comme évitable, si l'on ne veut pas contribuer à la rendre inévitable. Ici est la foi, reine des vertus.[46]

Désespérer de la paix serait coupable, et ce serait désespérer que de ne rien faire. L'enseignement du philosophe a largement pénétré les milieux combattants, surtout ceux de l'UF. Voici par exemple un article du *Poilu dauphinois* intitulé « Si tu veux la paix » :

« L'esprit seul peut faire la paix, dit Alain ; toutefois, non pas sans vouloir. Par cette maladie de l'attente qui fait que chacun attend le salut d'autre chose que de lui-même. Ne pas consentir, ne pas adorer le mal, ne pas l'accepter en esprit, vouloir ferme ce qui n'est pas afin qu'il soit. Si vous dites non à la guerre, alors c'est non ! »

Tâche immense que tu ne peux seul mener à bien, mais dont le succès dépend de toi pour une part. Si tu veux la paix, prépare-la et joins-toi à la cohorte grandissante de ceux qui, chaque jour, mènent le bon combat. Si l'on exalte devant toi la gloire des batailles, rappelle les horreurs de la guerre, les millions de cadavres, songe aux larmes des mères, aux souffrances des milliers d'orphelins, tes frères, et réponds : « NON, la gloire est ailleurs »...[47]

Ce refus obstiné d'accepter la guerre comme inévitable est profondément civique. La République est un régime d'opinion, et le citoyen est responsable, pour sa part, de la formation de l'opinion. Il n'a pas à rechercher ce que pense son voisin, mais à penser par lui-même. D'un nombre limité de refus individuels inébranlables peut dépendre l'opinion de la nation entière. Dire non, pour son compte, tout est là, quand chacun est une partie du souverain.

On comprend mieux alors la force du pacifisme combattant. Enraciné dans un sentiment puissant — la haine de la guerre — fortifié par un raisonnement sur l'impossibilité de régler définitivement les conflits par la force, il trouve son couronnement dans un devoir moral et civique. C'est une vertu républicaine, en même temps qu'une foi, et l'on doit lui rester fidèle, au besoin contre l'évidence.

Qu'un tel credo pacifiste, inlassablement développé entre les deux guerres par des propagandistes convaincus aux quatre coins des départements, soit lourd de conséquences : point n'est besoin de le souligner. La France qui entre à reculons dans la Seconde Guerre mondiale avait souscrit à ce credo. Pour les combattants, avant même la débâcle de juin 1940, la seule déclaration de guerre est une défaite majeure. Plus encore que la ruine d'un espoir, c'est la faillite d'une politique et d'un civisme.

Chapitre IV

LE PATRIOTISME COMBATTANT

La volonté pacifiste des combattants et leur adhésion à l'idéal genevois d'une organisation supranationale capable de mettre la force au service de ses arbitrages ne les empêchent pas d'être profondément patriotes. Mais leur patriotisme demande à être précisé. Qu'est-ce, en effet, qu'un patriotisme pacifiste, ou, pour reprendre le titre d'une conférence d'Henri Chatenet, un « patriotique pacifisme »[1] ? Comment expliquer qu'un président local de l'UNC intitule un rapport de congrès départemental : « Patriotisme et pacifisme, deux idées qui vont de pair »[2] ? Et que veut dire Jacques Delahoche en 1937, quand il affirme : « Notre pacifisme est d'origine patriotique »[3] ?

Il faut tout d'abord souligner que jamais, même à l'extrême gauche, même parmi les quelques combattants qui manifestent au Père-Lachaise en signe de protestation, le 14 juillet 1919, le pacifisme n'est exclusif du patriotisme. Il peut aller jusqu'au refus des armées permanentes, jusqu'au désarmement absolu : il n'entraîne pas de dénonciation radicale de l'idée de patrie. En voici deux exemples.

C'est tout d'abord Henri Barbusse, le fondateur de l'ARAC, dans un article de juin 1917 :

Aime la France comme tu aimes ta mère. Veuille-la grande, veuille-la noble, riche et rayonnante. Mais ne la place pas au-dessus de la justice et de la morale. Tu n'as pas plus le droit de crier au monde : « France d'abord ! » que tu n'as celui de proclamer : « Moi d'abord ! » ou : « Les miens d'abord ! » Rappelle-toi : tous les hommes égaux, toutes les nations égales. Il se peut qu'à un moment donné, l'intérêt d'un pays puissant semble être d'agir en désaccord avec la justice ; mais on n'a même pas, en réalité, intérêt à violer le commandement primordial ; l'avantage qu'on acquiert par ces moyens est aussi passager que la prospérité financière d'un Bonnot. Cet amour que tu as pour ton pays avec tous ses trésors de douceurs, de beautés, de grandeurs, tu le serviras mieux et d'une façon plus efficace parce que plus durable, en en faisant le champion du droit et de la justice, et de l'égalité adorable des hommes. Justice d'abord.[4]

Or l'auteur du *Feu* passe à l'époque pour le champion du pacifisme, le journal qui publie ce texte est étroitement surveillé par la censure et il est finalement interdit quand Clemenceau arrive au pouvoir. Les thèmes de Barbusse n'ont pourtant rien d'exceptionnel dans la minorité socialiste. On les retrouve sous la plume d'un homme plus jeune, qui promettait de devenir un des leaders de l'extrême gauche, Raymond Lefebvre, sous le titre « L'ARAC et le patriotisme ».

L'origine de cet article est une polémique avec un journaliste qui reprochait à Raymond Lefebvre d'avoir parlé de « guenilles bleu horizon » et du malheur d'être Ancien Combattant. La réponse est intéressante par ce qu'elle ne dit pas, autant que par ce qu'elle dit :

[…] Je crois, en mon âme et conscience, être très bon Français !

Aimer la France me paraît aussi normal que d'aimer ma mère !

Enfin quoi… la lecture des grands classiques est la grande joie de ma vie… Je ne sais pas… Mais on rougit à faire de grandes phrases sur un sentiment aussi profond, aussi nécessaire que l'amour de la France… Ce n'est pas entre nous qu'il faut faire du lyrisme là-dessus…

… Mais je crois qu'il peut y avoir au monde une France sans qu'il y ait d'armée. Et qu'on sert sa patrie en servant la cause du désarmement intégral, universel.

Antipatriotisme, sabotage de la mobilisation, tout cela c'est un pathos hervéiste qui va rejoindre la vieille lune au cimetière de sa Victoire.

Mais la haine de la gloire militaire, de la guerre, de l'armée, des rivalités nationales, des orgueils nationaux, c'est là une haine sacrée de ma raison.

Et il est très important que les anciens soldats

disent clairement leur dégoût du vieux Code de l'honneur sanguinaire. Nous, nous n'avons pas le droit d'être fiers de notre titre d'Anciens Combattants.

Nos grandes souffrances nous donnent de grands droits, voilà tout.[5]

Ainsi, à l'extrême gauche, la guerre semble avoir discrédité le « pathos hervéiste ». Elle a, plus sûrement encore, discrédité une certaine forme de patriotisme.

UN PATRIOTISME DÉPASSÉ

Les combattants dénoncent d'abord un mauvais patriotisme. Quelques adjectifs reviennent sans cesse pour le définir : le patriotisme qu'ils refusent est « étroit », « agressif », « chauvin », « cocardier ». Bref, c'est un *nationalisme*.

La dénonciation en est générale. On la trouve même dans la bouche du leader UNC du 6 Février, Georges Lebecq, un homme d'extrême droite, qui demande aux combattants d'œuvrer au plan « national », mais se sent tenu, soit par conviction, soit par hypocrisie, de se démarquer aussitôt du nationalisme :

Il y a [...] une forme de nationalisme contre lequel on ne saurait trop réagir. Nous avons tous connu — et sans chercher beaucoup nous rencontrerions encore, de ces Français qui, imbus de la supériorité de notre pays comme d'un dogme, voient en tout étranger un ennemi, suspectent toute initiative qui vient d'au-delà des frontières, condamnent « a priori » toute tentative d'accords internationaux et préconisent pour la France un splendide isolement. Les brillantes évolutions militaires, les armes qui luisent au soleil, les troupes qui défilent au son des cuivres excitent en eux un héroïsme turbulent.[6]

Ce qui discrédite ce patriotisme cocardier, même pour un Lebecq, c'est qu'il conduit à la guerre. C'est le patriotisme à bon compte des gens de l'arrière, celui des pages de couverture de *L'Illustration* et des discussions de café du commerce ou de salon. C'est un patriotisme qui n'a pas résisté à l'épreuve du feu. Un incident mineur nous le montre, au détour d'un souvenir de simple soldat, écrit pourtant en 1964. Cela se passe en 1916, à la veille d'une attaque :

Nous avons un jeune aspirant dont c'est le baptême du feu. Il commence un laïus patriotique. Un ancien qui a fait la bataille de la Marne l'interrompt : « Ça va, bleusaille, ferme ta gueule et commande. »[7]

On ne dira jamais assez la haine des combattants pour le patriotisme des gens de l'arrière. Ils détestent les quinquagénaires qui exigent l'offensive et en payent allégrement le prix avec la vie des autres — leur vie —, comme le Théodulfe dont Alain brosse un portrait à la manière de La Bruyère :

Indomptable, en son fauteuil. Courant au journal comme à un spectacle. Enviant ces morts héroïques et les imitant en son par-dedans, chose tonique ; délivré des discours tristes par ce danger en images. Mieux assuré contre cette mort qui ne suit plus les âges. Tiré hors de lui par l'admiration. Aimant mieux même ce neveu qu'il avait à la guerre, parce qu'il n'enviait plus l'insolente jeunesse ; trouvant douceur à le pleurer, et orgueil à n'en point mourir. Embelli, relevé, délivré.[8]

Cette réaction n'est pas propre au philosophe radical. On la rencontre partout dans le monde combattant. En voici un dernier exemple, emprunté au rapport sur la paix du congrès de l'UNC des Ardennes, en 1930. L'auteur n'est pas un pacifiste inconditionnel. Il veut que la culture du pacifisme soit menée parallèlement dans toutes les nations, et il place au premier plan le souci de la sécurité de la France. Et cependant, il est des souvenirs qu'il n'oublie pas :

Mes chers camarades,

J'ai tenu à traiter moi-même la question importante suivante : « Les AC et la Paix. »

Qui donc aura voix sur ce chapitre si ce ne

sont les AC ? Mais c'est à peine si l'on nous accorde le droit d'en discuter, car pour ceux qui ne sont pas de chez nous, pour ceux qui n'ont pas l'esprit combattant, les groupes d'AC étant des organisations guerrières ne sont pas qualifiés pour parler de paix.

Mes amis, toute l'erreur est là.

Bellicistes, revanchards, va-t-en-guerre, voilà ce que nous sommes pour la plupart des gens qui sont aveuglés par la politique (au mauvais sens du mot politique), pour ceux qui n'ont rien oublié des errements d'avant guerre et auxquels la guerre n'a rien appris.

Et ces gens-là, sans même chercher à savoir ce que nous sommes, nous traitent de revanchards.

L'auteur expose alors ses conceptions. Puis, après avoir mentionné l'exigence de sécurité, il s'engage dans une sorte de digression :

Notez bien, mes chers camarades, qu'il est facile, dans nos régions qui ont tant souffert, de foncer sur l'ennemi, en pleine paix, de bouffer du Boche ou de l'Italien, alors que les balles ne sifflent plus et que les obus n'éclatent plus. C'est d'autant plus facile que nous avons tous le souvenir « cuisant » des coups reçus.

Mais il faut avoir le courage de faire la balance. Y a-t-il intérêt dans l'avenir, pour nos enfants, d'entretenir l'armement des esprits en vue d'une autre guerre plus meurtrière que les deux précédentes ?

Devons-nous imiter cet Ardennais, ce superpatriote qui, entre 70 et 1914 renversait régulièrement plusieurs armées allemandes au pied du monument de Bazeilles le 1er septembre de chaque année ?

Il nous a bien excités à y aller, mais lui il est resté là, ce qui lui a permis, la guerre terminée, d'écrire l'histoire de ceux qui n'y étaient pas.

La conclusion de ce rapport est, en résumé :

Donc, soyons pacifistes. Encourageons toutes les initiatives en faveur de la paix. Mais ne nous laissons pas rouler.[9]

Cela revient au même que de dire : « Soyons patriotes, mais ne cédons jamais au nationalisme chauvin. »

De ce point de vue, la guerre discrédite définitivement un patriotisme à l'ancienne mode : celui des antidreyfusards. Pour ceux qui l'ont faite, elle a tranché sans équivoque le débat qui divisait la France du début du siècle. Non seulement les citoyens mobilisés proclament qu'on n'avait pas le droit de condamner un militaire sans une procédure pleinement contradictoire (avec la réforme de 1928 il n'est plus possible de fonder une condamnation sur une pièce non communiquée à la défense), mais encore ils s'élèvent contre le discours patriotique que tenaient alors les défenseurs de l'armée : ce discours conduisait à la guerre. Il n'est pas possible de l'oublier, quand on a risqué d'être tué au nom de ce patriotisme-là. Une révision déchirante récuse le patriotisme cocardier de la guerre fraîche et joyeuse, celui qu'exprimait à la veille de 1914 l'enquête d'Agathon sur la jeunesse, et dont Déroulède avait été le chantre et Barrès le hérault. Voici — en 1964 — un dentiste de Cherbourg de passage à Paris :

En novembre dernier, passant square du Roule, je me suis arrêté devant la statue de Déroulède, « Le clairon est un vieux brave, et lorsque la lutte est grave, etc… », et je l'ai engueulé comme j'en aurais fait autant devant celle de Barrès (la ligne bleue des Vosges).

Chaque fois que je passe devant la statue de Clemenceau, je le salue, parce que lui savait que la guerre, ce n'est pas drôle, aussi bien pour ceux d'en face.

Quant à la haine héréditaire, laissez-moi rire.[10]

Une page est définitivement tournée. La guerre a tué le patriotisme claironnant et naïf de la Ligue des patriotes. Nul désormais n'ignore plus qu'il était mensonger et meurtrier, et donc criminel.

LE PATRIOTISME ÉCLAIRÉ

Au patriotisme « étroit », « mesquin », « rétréci » des « chauvins », des « nationalistes » et des « super-patriotes », les combattants opposent un bon patriotisme : un patriotisme *éclairé* et *élargi* qui unit toujours l'amour de la France à celui de l'*humanité*.

Voici, pour commencer, un exemple que je privilégie, parce qu'il ne vient pas d'un des grands leaders du monde combattant mais d'un militant de la Haute-Vienne qui écrit sous le pseudonyme d'« Un vieux de la vieille ». Il s'agit d'un long article, intitulé « Patriotisme », dont voici de larges extraits.

> L'amour de la Patrie est le premier amour
> Et le dernier amour après l'amour de Dieu

chante exquisément Verlaine. Comme la religion, la patrie a son culte, ses temples, ses pontifes et ses martyrs. Les premiers chrétiens mouraient pour leur Dieu ; nous nous consolons aujourd'hui pour la patrie. Plus de 1 600 000 cadavres français et un nombre aussi considérable de rescapés témoignent de cet amour. Est-ce que l'effusion de tant de sang était nécessaire à la gloire de la France ? Est-ce que la Patrie, comme le Moloch antique exige périodiquement une multitude de victimes ? Nous ne le croyons pas, nous, les anciens combattants dont on ne peut guère suspecter les sentiments, nous pensons qu'elle ne veut pas la mort de ses enfants et qu'elle n'est point l'idole sanguinaire qu'encensent quelques fanatiques.

La guerre n'ayant rien appris à certains, nous pensons qu'au lendemain de la tuerie les « poilus » ont le devoir de préciser ce qu'ils entendent par patriotisme. [...]

La patrie est une réalité historique dont on ne peut guère s'affranchir. La nature nous l'impose au même titre que nos parents. Elle est pour ainsi dire une fatalité que nous subissons sans réussir à nous en délivrer. Elle est un fait, une hérédité physique, une solidarité morale, « un principe spirituel ». Ce qui fait la patrie, selon Renan, c'est la possession en commun d'un riche legs de souvenirs, c'est le consentement actuel, le désir de vivre ensemble, la volonté de continuer à faire valoir l'héritage qu'on a reçu indivis.

Une telle définition satisfait tout le monde. Pourquoi faut-il que le patriotisme revête tant d'aspects divers ? Pourquoi faut-il qu'il se transforme en une sorte de superstition étroite et de sombre fétichisme ? Pour les superpatriotes, tout ce qui est national est sacré, même le sol, même l'assassinat. « Les chauvins se réclament de la douceur du berceau familial pour donner le branle aux guerres. D'amour du sol natal on a fait nationalisme », dit Barbusse. On dénature, on défigure le légitime amour du pays. Ce sentiment ainsi rétréci conduit aux aventures, car il engendre, à l'égard des autres pays, la défiance, l'hostilité et la haine [...]. Durant un demi-siècle, les « hennissements tricolores » des Déroulède, Brunetière, Lemaître, Barrès, ont ameuté et passionné les foules, réveillé les vieux instincts, entretenu l'idée de revanche et fait germer la haine destructrice qui nous valut la guerre.

Sans doute, les nationalistes se défendent de prêcher la haine de l'étranger ; ils oublient que leur patriotisme négatif, exalté est, vis-à-vis des autres pays, un perpétuel dénigrement, une offense morale, un sot défi. Ce ne sont que fanfaronnades, vexations, menaces, critiques, orgueilleuses déclamations. Cet état d'esprit engendre de stupides froissements d'amour-propre, des rapports peu amicaux, enfin de l'inimitié et ses suites dangereuses.

Ce genre de patriotisme étroit a donné sa mesure. On peut dire que la dernière guerre est son œuvre. C'est pourquoi nous n'en voulons pas.

Après cette dénonciation où l'on retrouve tous les thèmes que nous avons analysés, l'article poursuit en présentant au contraire le « bon » patriotisme :

Nous pensons aimer notre patrie autant que quiconque en cherchant à mériter l'estime des autres pays.

J'aime dans ma patrie un cœur qui la déborde
Et plus je suis Français, plus je me sens humain.

Nous pensons que le patriotisme n'est pas inconciliable avec l'internationalisme et qu'il faut préparer l'heure bénie où toutes les patries d'hommes libres se grouperont librement en une fédération pacifique et fraternelle. Ce patriotisme élargi, qui s'oppose à l'autre conception rétrécie, n'implique pas une diminution du sentiment national. Barrès, si farouchement français, n'oublia pas qu'il était Lorrain. Les hommes groupés en familles, puis en tribus, puis en cités, se sont unis sans cesse jusqu'à former les provinces unifiées à leur tour en un même État. Pourquoi borner là cette évolution ? Pourquoi ne pas souhaiter une société des peuples ? […]

L'auteur refuse alors de tomber dans un excès inverse :

Ce cosmopolitisme littéraire est sans doute le dernier degré de la transformation de l'idée de patrie en l'idée de bien-être. Nous le croyons aussi exagéré que le patriotisme outrancier de nos chauvins. Notre amour de l'humanité ne nous fait pas abdiquer notre amour de la patrie. La gloire n'est pas de mourir mais de vivre pour la patrie […]

Voilà pourquoi nous demandons qu'on ne commette pas le crime d'enseigner à nos enfants un patriotisme étroit, exclusif, agressif. Ce patriotisme, acquis durant la jeunesse, devient chronique et à jamais intoxique les cerveaux [...]

Aimons la patrie et l'humanité et répétons-nous les vers de Lamartine (*La Marseillaise de la paix*) :

Nations, mot pompeux pour dire Barbarie ;
L'ignorance ou l'erreur a seule une patrie ;
La fraternité n'en a pas
Ma patrie est partout où rayonne la France,
Où son génie éclate aux regards éblouis.
Tout homme est du pays de son intelligence.
Je suis concitoyen de tout homme qui pense.
La vérité, c'est mon pays.[11]

Ce texte, très riche, expose la plupart des thèmes constitutifs du patriotisme combattant. On y trouve d'abord l'idée d'un mouvement continu par lequel l'humanité passerait de la famille à la tribu, puis à la cité, à la province, à l'État, et à la société des nations. C'est le thème dynamique du patriotisme *épuré*. On le retrouve sous bien des plumes. Certes, il n'est pas très fréquent chez les dirigeants nationaux de l'UNC qui se font du patriotisme une conception plus restrictive. Leur discours sur l'intérêt national ne comporte pas toujours le contrepoids d'un discours sur la collaboration des peuples. Ou bien, comme Paul Galland, ils évoquent « les combattants qui ont tout offert à la Patrie et qui veulent continuer de servir la Patrie dans un grand amour, sans haine pour la Patrie des autres »[12], présentant ainsi seulement sous un aspect négatif (sans haine pour la Patrie des autres) le mouvement, ailleurs positif et généreux, par lequel le patriotisme s'épure et se fortifie.

Dans les départements, cependant, l'UNC n'est pas toujours aussi restrictive. Elle tient par exemple dans les Ardennes des propos que ne renierait pas l'UF. En voici deux exemples. Le premier est du président de l'UNC de Sedan, qui, devant un public de 700 combattants,

montra les patries perfectibles comme les personnes, et le patriotisme qui ne s'affirma longtemps que par la guerre, s'épurant, s'illuminant, devenant tolérant, et l'ami du contrat, de la justice, l'ami de la paix.

Et de conclure en demandant aux combattants de ne pas se laisser diviser :

Camarades, vous ne permettrez pas un tel sacrilège, car vous voulez conserver votre patrie forte, pour qu'elle ait la force de porter haut, et toujours, le flambeau qui guidera le monde vers une humanité meilleure, toute d'amour et de fraternité.[13]

Six mois plus tard, au congrès du groupe de Rethel, à Novion-Porcien, le délégué du bureau de l'UNC développe le même thème :

Pour nous, Français, la Patrie c'est l'unité de la race, de la langue, c'est un idéal commun. La Patrie, comprise ainsi, c'est le poste duquel on peut le mieux servir l'humanité, en sorte qu'à mesure que le pays s'améliore, s'affine, le patriotisme s'épuise. Ce sont ces patriotismes épurés qui se tournent vers la SDN, moins pour ce qu'elle est que pour ce qu'elle doit être.[14]

La patrie et l'humanité

Par une conséquence logique, dont ces textes nous fournissent déjà un exemple, le patriotisme éclairé est indissociable de l'amour de l'humanité. L'article, longuement cité, du *Mutilé du Limousin* développe longuement cette intime union. Mais le diptyque patriotisme/amour de l'humanité est particulièrement fréquent.

« Nous servirons tout à la fois la cause de la patrie et celle de l'humanité », déclare ainsi, à propos du 11 Novembre, un militant UF du Pas-de-Calais[15] tandis que l'UNC conclut l'un de ses maîtres textes, le Manifeste de Wagram, par cette exhortation :

Une fois encore, sachons bien mériter de la Patrie et de l'Humanité.[16]

Du point de vue linguistique, cette association est renforcée par celle des adjectifs dérivés. La

France est « une patrie humaine »[17], « notre patriotisme est humain »[18]. Les idées « humanitaires » sont, à gauche, solidaires du bon patriotisme. Un autre militant UF du Pas-de-Calais préconise ainsi de « refuser notre appui moral et notre concours à tous ceux qui se feront les champions des idées chauvines sans but ni raison autre que la gloriole et au mépris des idées humanitaires »[19].

À droite, au contraire, l'opposition s'inverse, et l'adjectif « humanitaire » devient péjoratif : aux « pages de gloire » (et non plus à la « gloriole ») on oppose les « traités de morale humanitaire »[20]. Mais c'est un cas exceptionnel. Dans l'ensemble, l'union des deux amours, celui de la Patrie et celui de l'Humanité, est de tous les bords.

C'est là incontestablement le fidèle héritage de l'école primaire républicaine du début du siècle. Le patriotisme des manuels de la Belle Époque n'est plus naïvement revanchard. Comme Jacques et Mona Ozouf l'ont montré, c'est un patriotisme défensif et tolérant. La droite en fait d'ailleurs grief à l'école laïque, comme on le voit après 1908, avec la célèbre querelle du patriotisme à l'école.

Le patriotisme des combattants, c'est celui qu'ils ont appris à l'école primaire de la République. Je ne résiste pas au plaisir de citer ici une circulaire de Léon Bourgeois sur l'enseignement de l'histoire dans les écoles, car on y trouve, déjà parfaite, cette structure lexicale caractéristique du patriotisme de gauche :

La culture du sentiment national est délicate. Il faut avant tout fortifier le naturel amour du pays natal, raisonner cet instinct et l'éclairer, mais, en France, sous peine d'une déchéance de notre esprit, nous ne devons ni oublier l'homme dans le citoyen, ni rétrécir, au profit apparent de notre pays, la place de l'humanité. [...] Il fait partie de notre profession de Français d'aimer l'humanité et de la servir.[21]

Un demi-siècle plus tard, Henri Pichot ne définit pas en des termes différents la mission de l'école, dans le dernier article qu'il publie avant la guerre : il lui semble qu'Édouard Herriot a posé, devant une commission genevoise,

le vrai problème en se demandant si l'Université, dans chaque pays, doit être simplement nationale, ou bien en même temps nationale et humaine.

Ce problème, toujours débattu [...] doit se trancher perpétuellement dans le sens d'un humanisme généreux à caractère national.

De tels mots ont l'air de jurer ensemble. Oui, si l'on oppose la nation — et pis encore la race ou l'État — à l'humanité ; non, si l'on pense que l'homme qui est bien de son pays et de sa patrie doit laisser déborder son cœur sur le monde et ouvrir libéralement son esprit aux diversités humaines.

C'est cette éducation richement nationale et honnêtement humaine qui doit être celle des peuples libres.

[...] L'école française doit d'abord enseigner la France, en donner à chaque petit Français la perception. La France n'est pas une abstraction, mais une réalité. C'est de la communauté nationale que le citoyen tire les éléments constitutifs et permanents de sa vie aux multiples aspects. Et puis, une société ne se perpétue que si elle est l'aliment de son propre enseignement.

Nous avons cette chance, dirai-je ce bonheur, que nous n'avons pas à craindre de manquer à l'humain en étant pleinement français.

C'est pourquoi — je parle en homme qui a passé sa vie à servir l'école — que celle-ci ne craigne point de nous faire des Français d'aujourd'hui : c'est ainsi qu'à la France elle donnera des hommes.[22]

Cette forme républicaine de patriotisme qui s'épanouit dans un amour sans bornes pour l'Humanité entière n'est pas cependant totalement innocente. Elle recèle, en effet, un orgueil national subtil, et elle dissimule une prodigieuse affirmation de la supériorité de la France sur les autres nations.

LA FRANCE, SOLDAT DE L'IDÉAL

Ce patriotisme éclairé semble incapable de satisfactions mesquines. Il proscrit l'amour-propre national. Il répugne à avouer que la France a fait la guerre, entre autres raisons, pour l'Alsace-Lorraine. Il soutient au contraire qu'elle ne poursuivait pas d'objectifs intéressés : elle se battait seulement contre le militarisme et l'impérialisme allemands. Barbusse, par exemple, n'exclut pas

la volonté de vaincre l'Allemagne [...] puisque celle-ci est la plus forte expression du militarisme dirigeant et déchaîné, *mais c'est* à cause de cela seulement *qu'il faut la vaincre*.

D'aucuns prétendent que, pour marcher à la mort et sacrifier sa vie, il est nécessaire d'être stimulé par un patriotisme étroit, ou enivré par la haine d'une race. Non. Une haute promesse de progrès définitif pousse mieux les vrais hommes à donner leur sang. Nous qui avons combattu en tant que Français, et surtout en tant qu'hommes, nous pouvons dire fièrement que nous en sommes la preuve vivante.[23]

« Nous qui avons combattu en tant qu'hommes ! » On ne saurait mieux revendiquer pour la France en guerre l'investiture des grands intérêts moraux de l'Humanité. La guerre n'oppose pas deux nations sur pied d'égalité, mais d'un côté le militarisme chauvin et l'impérialisme, de l'autre, le Droit, la Justice et la Liberté. Dans l'idéologie combattante, 1914 apparaît alors comme la dernière des guerres de la Révolution.

Cette thèse est générale. On la retrouve à droite comme à gauche. Pour René Cassin, par exemple, le 11 Novembre ne marque pas seulement la libération des soldats ou celle de l'Alsace-Lorraine, mais celle du monde :

> Libération du monde enfin, victorieux d'une monstrueuse entreprise d'oppression conçue et conduite par l'impérialisme et l'orgueil de race.
>
> Si le 14 juillet est pour la France et bien d'autres pays le symbole des libertés conquises par les citoyens, le 11 novembre marque l'écroulement du militarisme tyrannique sous l'effort conjugué des peuples libres.[24]

On retrouve le thème classique de la France au service du Droit, de la Justice et de la Liberté, que l'ordre du jour des Mutilés du Loiret pour le 11 novembre 1922 exprimait déjà avec force (*supra*, p. 129-131), ou, pour citer des phrases qui sont dans toutes les mémoires, le « Nous serons les soldats de la Liberté » de Jouhaux sur la tombe de Jaurès, ou le célèbre « la France, hier soldat de Dieu, aujourd'hui soldat de l'humanité, sera toujours le soldat de l'idéal » de Clemenceau annonçant l'armistice à la Chambre des députés.

Si grande est la bonne conscience des combattants, qu'il s'en trouve pour proposer sérieusement aux Allemands de faire du 11 Novembre leur fête nationale !

> Les puissances battues et l'Allemagne en particulier doivent voir dans ce 11 novembre l'avènement d'une ère nouvelle et l'effondrement d'un

régime qui les ont insensiblement conduites à la débâcle. C'est son 14 juillet que le libre Allemand vraiment épris du régime républicain qu'il s'est donné, doit fêter le 11 novembre.[25]

Oubliant qu'au lendemain de la défaite de 1870 les Français s'étaient sentis bel et bien battus, même si l'idéologie républicaine rejetait sur l'empereur le poids de la guerre funeste, les combattants ne cessent d'affirmer la culpabilité de l'Allemagne impériale dans le déclenchement de la guerre, et ils pensent avec naïveté que les Allemands la reporteront sur Guillaume II, « cet empereur que les nations civilisées avaient mis en accusation pour offense suprême contre la morale internationale et l'autorité sacrée des traités »[26].

Du début à la fin de la période, et de l'UF à l'UNC, ne cesse de courir l'affirmation sincère de la culpabilité allemande et de l'innocence française. L'exemple le plus caricatural que j'en puisse donner est une anecdote rapportée par Pichot lui-même. C'était en décembre 1934, à l'époque du rapprochement entre les combattants français et ceux de l'Allemagne nazie. Pichot avait invité à déjeuner, en compagnie de trois amis, Ribbentrop, Abetz et Oberlindober, le Führer des combattants nationaux-socialistes. À la fin du repas, il évoque les conditions du rapprochement entre la France et l'Allemagne et parle de réparation morale. Avec candeur, il suggère que les Allemands reconnaissent qu'ils ont eu tort de nous faire la guerre, et alors nous pourrons devenir amis. À quoi Ribbentrop répond sèchement : « Si c'est ainsi, nous nous retrouverons dans cinq ans. »[27]

L'innocence absolue de la France dans le conflit, telle que l'opinion combattante unanime la proclame, entraîne deux affirmations lourdes de signification. La première est que la politique internationale relève d'un jugement moral. Il est aujourd'hui difficile de comprendre le moralisme des combattants : il faut du moins l'enregistrer comme un fait. Pour eux, aucun doute ne subsiste : il existe une morale des rapports entre les nations, et c'est la même que celle qui régit les rapports entre individus. Pichot, par exemple, passe tout naturellement de l'innocence française à cette idée dans son discours au congrès UF de Clermont-Ferrand, qui eut un grand retentissement (1922) :

La guerre de 1914 fut vraiment la lutte de l'intelligence contre la brutalité, de la liberté contre la domination. Elle fut la lutte de la démocratie contre l'impérialisme et le caporalisme, la lutte des peuples qui sont capables de vivre par les idées contre ceux qui ne vivaient que par le ventre. Il y a une morale des nations comme il y a une morale des hommes, ou plutôt au-dessus des hommes, individus ou nations, il y a la morale qui n'est pas seulement le respect de l'homme, mais le respect de la pensée, de l'intelligence, qui sont le tout de l'homme [...]

Liberté, justice, vérité, civisme, paix, cela se tient et se conditionne.[28]

Nous sommes vraiment aux antipodes de la *Realpolitik*.

La seconde affirmation est d'une inconsciente, mais incroyable présomption. Elle veut que la France incarne précisément cet idéal moral auquel toutes les nations doivent obéir. Elle est *la* patrie du droit, ou, pour reprendre un texte de René Cassin déjà cité, « le pays unique qui symbolise le Droit sur la terre, comme le disait encore récemment le délégué de l'Inde à Genève »[29].

La France est le phare qui doit guider les autres nations, « l'animatrice d'une humanité meilleure »[30]. Sa supériorité est d'ordre moral, et non matériel. Elle est du domaine de l'idée, non de l'instinct ou de la force brutale. On retrouve ici *La Marseillaise de la paix* que citait *Le Mutilé du Limousin.* Si Lamartine peut dire simultanément : « Ma patrie est partout où rayonne la France » et : « Je suis concitoyen de tout homme qui pense. La vérité, c'est mon pays », c'est parce que la France incarne à ses yeux les plus hautes valeurs de l'humanité : l'intelligence et le droit. Par quoi elle creuse entre elle et les autres nations un fossé plus profond que les divergences d'intérêts. En se plaçant du côté de la civilisation elle les rejette du côté de la barbarie.

Un discours d'un leader de l'UNC résume bien l'ensemble de cette prétention patriotique à une supériorité intellectuelle et morale qui fonde une mission civilisatrice :

Vouloir vivre en ignorant l'étranger est une faute, un danger, et même, proprement, une absurdité.

C'est dire que notre patriotisme ne sera ni étroit, ni égoïste, ni orgueilleux, ni haineux.

Mais nous conservons le droit d'aimer notre

Pays et de le dire. Nous le lui devons pour tout ce que nous en avons reçu.

Suit un développement qui exprime toute la satisfaction d'être français : l'intelligence, l'audace, la débrouillardise, la sensibilité, le sol fertile et riche, les laboureurs et les artisans. Puis l'auteur poursuit en évoquant les Marches de l'Est et ce qu'elles ont bu de sang pour conclure que (je cite jusqu'à son terme ce discours) :

jamais la France n'appellera ses fils à former un peuple de marches. Elle ne leur fera pas croire que leur destinée est de conquérir et de dominer. Elle ne magnifiera pas à leurs yeux la Force brutale.

Elle leur dira que le plus grand peuple est celui qui s'impose au respect du monde, par la générosité de son action, par l'appui qu'il porte aux faibles, par la défense de la Justice.

Elle leur rappellera que notre tradition nous a faits les protecteurs des opprimés et les redresseurs de torts, et que nos seules conquêtes doivent être celles de l'intelligence et du cœur.

Elle ajoutera : « Ne cherchez pas à détruire, mais que vos efforts tendent à soulager la détresse humaine. »

Elle ne leur proposera pas comme exemples un Moltke ou un Bismarck, mais elle leur dira : « Cherchez sur les cimes l'âme d'un Pascal. Suivez la doctrine mesurée d'un Descartes ; poursuivez au laboratoire l'œuvre de Pasteur ou de Curie. Allez, comme Doumer ou Liautey, porter au-delà des mers la civilisation ou le bien-être, la culture et le progrès. Soyez orgueilleux de cette seule gloire parce qu'elle est pure et rayonnante. »

Et c'est encore en écoutant la voix de la France que nous travaillerons le mieux au bonheur de l'Humanité.[31]

La patrie du droit

Par une association fréquente, les institutions républicaines apparaissent alors comme les garantes de cette supériorité française. Que la France soit une République prouve, pour les combattants, qu'elle est bien le pays du droit, de la justice et de la civilisation. C'est pourquoi il est si difficile de dissocier la France de la République. Sur ce point, les Anciens Combattants ont parfaitement assimilé les leçons qu'ils avaient apprises à l'école primaire dans leur jeunesse[32]. Dans les textes des combattants, les mots « Patrie », « France » et « République » sont souvent équivalents, et l'on peut les substituer les uns aux autres. L'étude de l'iconographie confirme les conclusions de la linguistique. Parmi les allégories féminines qui ornent les monuments aux morts, la Paix se laisse identifier grâce à son rameau d'olivier. En revanche, même le bonnet phrygien ne suffit pas à différencier une République d'une Patrie, quand un poilu mourant tourne vers elle son regard. En fait il n'y a pas deux effigies distinctes : la statuaire des monuments aux morts connaît seulement la France républicaine ou la République française.

On comprend mieux alors qu'un journal de l'UNC en vienne à citer Jaurès. C'est que celui-ci a parfaitement exprimé la fierté des Français d'avoir, les premiers et les seuls, pensaient-ils, fait prévaloir avec l'avènement de la République un ordre civique fondé sur le droit et non sur la force :

> Nous tous, républicains, socialistes français, ne saurions rester indifférents à l'honneur, à la sécurité, à la prospérité de la France ; ce ne serait pas seulement un crime contre la patrie que nous commettrions, mais un crime contre l'humanité, car la France, une France libre, grande et forte, est nécessaire à l'humanité [*on notera au passage le double emploi du diptyque patrie-France/humanité*].
>
> C'est en France que la démocratie est parvenue à sa forme la plus logique : la République. Si la France baissait, la réaction monterait dans le monde.[33]

Décrire ce patriotisme ne suffit pas cependant. Pourquoi réalise-t-il, au lendemain de la guerre de 1914, une telle unanimité ? Pourquoi ce qui était le patriotisme propre à la gauche républicaine est-il devenu le lieu commun de tous les combattants ?

Une première raison est d'ordre culturel. J'hésite à utiliser la notion de culture nationale, trop proche de celle de tempérament national qui a, par le passé, recouvert bien des banalités. La démarche des combattants à propos du patriotisme me paraît cependant typiquement française, par son moralisme. Elle estompe les aspects matériels et concrets du débat, pour le situer d'emblée au niveau des idées et des valeurs. Les conflits d'intérêts, les rivalités et les marchandages passent au second plan, et l'on invoque d'entrée de jeu les principes éternels.

Ce moralisme est un trait majeur des attitudes collectives des combattants ; nous le retrouverons, plus puissant encore, dans d'autres domaines. Il remplit d'ailleurs une fonction sociale et constitue, en ce sens précis, une idéologie, nous y reviendrons. Mais il s'explique aussi par un ensemble complexe de raisons historiques, qui tiennent à l'éducation familiale, aux traditions littéraires et folkloriques, comme à l'action des diverses élites culturelles ou sociales. Il doit notamment beaucoup à l'école primaire laïque et à la surenchère moralisatrice à laquelle elle s'est livrée pour prouver qu'en abandonnant la religion elle ne détruisait pas la vertu.

Sur le point précis qui nous retient, la filiation du patriotisme de l'école primaire à celui des combattants est évidente, et nous devons y insister. L'école du début du siècle opposait aux nations barbares les nations raisonnables et justes. *La Morale à l'école* de Jules Payot, par exemple — mais l'on pourrait citer des dizaines d'autres textes —, enseignait à ceux qui allaient faire la guerre de 1914 :

Nous, Français, soyons une nation raisonnable, juste [...]

Nous voulons que notre patrie soit la plus juste, la plus humaine [*noter ici encore le diptyque sous sa forme adjectivée : patrie humaine*], en un mot la plus raisonnable. Nous voulons que la France ait une réputation de politesse, de générosité qui la fasse aimer de tous les peuples et qu'elle force l'estime même des nations hostiles.[34]

Force est de le constater : la leçon a été parfaitement assimilée. Les combattants ne se contentent pas de répéter ce qu'ils ont appris : ils y croient.

Au moralisme, qui renvoie à une longue tradition, s'ajoute une seconde raison, plus ponctuelle, mais capitale : la victoire. Les combattants n'ont pas conscience que leurs discours sont ceux de vainqueurs. Ils n'imaginent pas qu'ils puissent être interprétés comme répondant exactement à l'intérêt objectif de la nation française. Ils ne réalisent pas que leur patriotisme moralisateur est insupportable aux vaincus, parce qu'il transforme en châtiment l'infortune des armes, l'infériorité militaire en culpabilité, et l'accident de la défaite en une sorte de destin mérité. Pas davantage ils ne voient qu'on peut présenter leur insistance sur le droit et la justice entre les nations comme le meilleur moyen, pour une France qui n'a plus rien à reprendre par les armes, de stabiliser une situation qui lui est momentanément favorable et de freiner le désir de revanche des Allemands en le rendant coupable.

Si le patriotisme des combattants est purifié, épuré, élargi et tolérant, c'est aussi qu'il est assouvi et satisfait. La France qui ne nourrit plus de revendications militaires, territoriales ou coloniales peut faire fi avec élégance des considérations d'intérêt. Elle peut vouloir avec sincérité la paix, la justice et le droit. C'est aussi pour elle la meilleure façon de préserver des satisfactions chèrement acquises. La victoire dont les combattants parlent peu scelle ainsi, à l'arrière-plan de leur moralisme, la réconciliation du patriotisme et du pacifisme dans le culte du Droit.

Chapitre V

LA POLITIQUE DES COMBATTANTS : RHÉTORIQUE ET MORALE

On conçoit mal, de prime abord, qu'il puisse exister une attitude « combattante » en matière politique. Passe pour la politique extérieure, où la volonté de paix bien compréhensible des anciens poilus peut se faire sentir, ou encore pour certains problèmes précis, comme la réforme du Code de justice militaire, les pensions ou le statut des grands invalides… Mais qu'il y ait une façon propre aux combattants d'aborder le débat politique, c'est là, semble-t-il, une hypothèse aventurée. Avoir fait la guerre ne suffit pas à déterminer une politique et ne paraît pas entraîner d'opinion particulière. Au demeurant, comment des hommes issus de toutes les classes de la société et de toutes les familles idéologiques pourraient-ils se mettre d'accord sur les mêmes choix politiques ?

De fait, nous constatons, sur la plupart des problèmes politiques particuliers, des divergences marquées entre combattants. À propos du Cartel, comme, plus tard, du ministère Doumergue, les associations se divisent : il n'y a pas de réaction unanime. Et cependant le débat politique prend dans toutes les associations des formes voisines. Avant que d'y rechercher la signification d'un projet, il convient de s'arrêter aux formes spécifiquement combattantes d'approche des problèmes politiques.

SITUATION DU DÉBAT POLITIQUE

Pour les associations de combattants, le débat politique n'est pas central. Il ne constitue pas leur objet propre, ni leur raison d'être. Certes, il prend une importance exceptionnelle à certains moments, en 1933-1934 notamment, mais précisément, qu'il soit susceptible de variations sensibles d'intérêt lui assigne une place particulière.

La politique intervient, dans les associations, comme un couronnement. C'est un ordre de réalité qui élargit le débat, élève les préoccupations. Si légitime soit-elle, la défense des droits ou la revendication catégorielle ne suffit pas à justifier entièrement l'existence des associations aux yeux de leurs propres membres. Ces objectifs sont trop limités, trop matériels, trop intéressés surtout. À ne retenir qu'eux, on s'exposerait au reproche justifié de poursuivre des buts bien terre à terre, et que certains dénonceraient, en dehors du mouvement combattant, comme mesquins ou pire encore. À tous ces détracteurs, il faut montrer que les combattants sont tout autre chose que des quémandeurs budgétivores : ils voient plus loin, ils pensent plus haut, leur souci va bien au-delà.

Par la discussion de questions d'intérêt général, les combattants accèdent ainsi à un ordre supérieur, plus noble, de préoccupations, le seul vraiment digne de citoyens qui ont naguère sauvé la nation. Pour les responsables d'associations, cet élargissement du débat répond à une exacte perception des aspirations de leurs adhérents, et notamment de leurs adhérents ruraux. Au bourg ou au village, l'association de combattants remplit simultanément de multiples fonctions. C'est en particulier une porte ouverte sur le monde extérieur, sur la société globale. On ne serait pas pleinement satisfait, à la fin d'une assemblée générale annuelle ou d'un congrès cantonal, si l'on n'avait entendu évoquer les grands problèmes du moment de façon à la fois assez pertinente et assez riche pour intéresser, et assez neutre pour ne froisser personne. Les dirigeants départementaux s'y prêtent d'autant plus volontiers qu'ils se sentent responsables de la formation de l'opinion publique et conçoivent leur mission en termes pédagogiques. Issus de cercles laïques d'instituteurs, ou d'œuvres catholiques, ils ont une vocation d'éducateurs et ne croiraient pas leur tâche terminée s'ils n'avaient contribué à développer l'information et le civisme de leurs mandants.

De fait, avec un admirable prosélytisme, on voit les responsables d'associations multiplier les réunions, chaque année, jusque dans les communes les plus reculées. Certes, les formes locales de réunion ne sont point neutres politiquement : dans l'Ouest, les notables traditionnels jouent un rôle prépondérant, et d'ailleurs bien accepté, malgré une pointe de paternalisme. En pays républicain, la réunion est plus démocratique, plus respectueuse des formes juridiques. Mais, ici comme là, on ne termine pas la réunion sans traiter de quelque « grand » problème. Ces tournées de propagande touchent chaque année, dans chaque département, de très nombreuses communes. Nous avons pu suivre par exemple celles des Mutilés du Loiret : au fil des dimanches d'hiver, elles visitent entre 80 et 100 sections locales. Des réunions exceptionnelles sont en outre organisées si la situation l'exige. L'UNC de la Corrèze enregistre par exemple de très nombreuses réunions de sections, au lendemain du 6 Février. En 1935 on constate dans le Loiret sur le thème de la réforme de l'État des réunions très fréquentées : 150 personnes à Baule (314 électeurs), 220 à Jargeau (603 électeurs), pour écouter Pichot, mais 200 personnes à Beaugency, ou 100 à Outarville, ou encore 270 à Artenay (339 électeurs) pour entendre d'autres responsables départementaux. Et le cas du Loiret n'a rien d'exceptionnel.

Remarquable par son ampleur, l'effort d'instruction civique poursuivi par les associations l'est aussi par sa technicité. Les orateurs du mouvement combattant n'hésitent pas à expliquer, sans simplifications abusives et sans concessions, des mécanismes aussi complexes que les procédures d'arbitrage international. Ils lancent par centaines de milliers d'exemplaires des brochures élémentaires, mais précises, sur la réforme de l'État, analysant en détail le fonctionnement des institutions, ses défauts et les divers remèdes possibles. L'UF tire à 600 000 exemplaires *La République des combattants*, une brochure de 48 pages rédigée par Pichot. L'UNC et la FNCR l'imitent. Si l'on y réfléchit, l'entreprise est d'une rare ambition : il ne s'agit de rien de moins que d'expliquer à des millions de citoyens, en grande partie des ruraux dont beaucoup n'ont pas le certificat d'études, des questions aussi difficiles que la différence entre le scrutin d'arrondissement et la proportionnelle. Quel autre réseau d'associations, y compris parmi les partis politiques, était capable à la même époque de susciter dans toute la France des débats sur de tels sujets ?

Si remarquable que soit cet effort, ses limites demeurent évidentes. Les associations ne peuvent s'engager véritablement sans riquer de perdre des adhérents, à moins que leur patient travail d'explication ait suscité un large consensus autour de mesures limitées. Elles prennent position sur des problèmes peu compromettants, comme la politique sociale (allocations familiales, assurances sociales, retraites, santé publique, lutte contre les fléaux sociaux, amélioration de l'habitat), elles évitent au contraire d'intervenir dans des questions plus brûlantes. L'analyse des problèmes, l'inventaire des difficultés l'emportent sur la proposition et s'accompagnent d'une exhortation à la pratique des vertus citoyennes. Le discours politique des combattants revêt ainsi deux modalités privilégiées : l'information, la vulgarisation d'une part, l'appel au civisme de l'autre.

Les stéréotypes du discours combattant

Sans doute d'ailleurs, la prédication civique estelle plus fondamentale que l'information : elle seule peut donner au mouvement combattant une portée plus ample, plus généreuse et plus noble que les revendications quotidiennes. En proclamant bien haut les exigences morales du civisme et les grands principes qui doivent régir la vie collective, les combattants donnent, pensent-ils, un exemple et une leçon utiles à tous. En même temps ils se placent dans une position privilégiée : celle des détenteurs de la vérité et du bien, celle, en somme, que leur patriotisme revendique pour la France face aux autres nations. De même que la France est pour eux le peuple-phare, l'animatrice d'une humanité meilleure, de même, au sein de la nation, les combattants constituent le groupe privilégié, la force saine qui saura indiquer la route du salut et dira la justice et le droit. C'est ce qu'ils entendent affirmer en parlant de leur « magistrature morale ».

On comprend mieux, dans ces conditions, les caractères spécifiques du discours combattant sur la politique. Avant de présenter des textes qui l'illustrent, et de nous interroger sur leur signification véritable, il convient de dresser un rapide inventaire des stéréotypes imposés par la situation même de ce discours dans l'activité des associations. Il y a là, en effet, comme un code utilisé dans la plupart des discours politiques du mouvement combattant et sur lequel le commentaire risquerait de buter.

Le discours combattant sur la politique est fondamentalement *moralisateur* : il vise à exercer une action morale sur ses destinataires. Il veut développer en eux les vertus civiques et renforcer leur union, en dépassant les antagonismes. Pour cela, il lui faut convaincre le cœur plus encore que la raison : il doit émouvoir et entraîner. Cette fonction est lourde de conséquences tant au plan du style que du vocabulaire.

Au plan du style, ce discours est *rhétorique*. Il recourt volontiers à l'interpellation directe du public, auquel il donne souvent des ordres (usage de l'impératif). Il pratique l'interrogation rhétorique et les tournures emphatiques (« ce qui… », « c'est… »).

Il cherche des formules frappantes. Il affectionne notamment celles qui, par une structure binaire, permettent de dépasser les contradictions apparentes, soit en limitant aussitôt une affirmation, soit en juxtaposant deux refus ou deux choix symétriques.

Au plan du vocabulaire, ce discours emploie les grands mots, pour désigner les grands principes. Tous les *termes moraux* peuvent y figurer, car le civisme englobe la totalité des valeurs morales. Certains termes, ou couples de termes, sont cependant particulièrement fréquents : ainsi l'opposition de l'intérêt général et des intérêts particuliers, archétype du civisme, ou la solidarité, la fraternité, l'union, la discipline librement consentie, la franchise, l'alliance du réalisme et de l'idéalisme, etc. Bref, on puise ici largement dans les « lieux communs » de la rhétorique morale classique.

Un concept unificateur permet à la fois de résumer tous ces principes et de leur donner une marque proprement combattante : c'est l'*esprit combattant*. Cet esprit est indéfinissable : né de la guerre, tous les combattants ne l'ont pas, tandis que des non-combattants le possèdent. Sa définition change au gré des auteurs. Pour tous, cependant, c'est l'esprit du bien, l'esprit public tel qu'il devrait être, et il faut le faire pénétrer partout.

Face à l'esprit combattant, le mal est la *division*, fléau que l'on ne cesse de conjurer, car il menace sans cesse non seulement la nation, mais même les associations. La division est le produit de la politique, et plus précisément de la politique de parti. Elle vient d'un esprit exactement contraire à l'esprit combattant, l'*esprit de parti*, qu'il faut soigneusement pourchasser dans les associations, dans les partis politiques et dans toute la vie nationale.

Ce discours implique donc la *dissociation de deux politiques* : la mauvaise, celle qu'il faut éviter, la politique de parti (ou partisane) et la bonne, la politique permise, la politique au grand sens, au sens véritable du terme, qui vient de l'esprit combattant, c'est-à-dire la politique combattante, ou encore, plus souvent, l'action civique.

La dissociation de deux politiques s'accompagne d'une double revendication : par opposition aux politiciens, les combattants prétendent à la fois à la supériorité morale et à la pureté. La revendication de supériorité s'inscrit dans un vocabulaire spatial : ils sont au-dessus des partis, sur les sommets, plus hauts, en avant. La revendication de pureté est refus des compromissions : ils sont en dehors. Ils n'ont rien à voir avec la politique effective, la politique concrète où l'on risque de se compromettre. Ce discours politique est donc souvent irréel : pour rester général, il évite les désignations précises. Les partis dont il parle sont indéterminés. Les actions qu'il préconise restent vagues. Il ne désigne ni objectifs concrets, ni adversaires, ni alliés. Il ne propose aucune réalisation immédiate. Mais la morale commande pourtant d'agir, et elle oppose facilement les paroles aux actes. D'où un appel incantatoire à l'action : « Agir, tout est là. »

De ce fait, les visées du mouvement combattant dans le champ politique sont masquées, et il n'est pas aisé de les discerner par-delà cette rhétorique moralisatrice stéréotypée. Aussi, avant de les rechercher et d'en proposer une interprétation, me paraît-il nécessaire de prendre l'habitude de ce langage apparemment figé et privé de signification. Le discours politique des combattants semble vide, parce que son fonctionnement exclut les déterminations explicites. Mais il suffit de comprendre comment il fonctionne pour qu'il s'éclaire.

LA RHÉTORIQUE MORALISATRICE

Je ne ferai point ici de longs commentaires. Mieux vaut multiplier les exemples.

Voici d'abord la conclusion des deux grands discours qui ont lancé le thème de l'esprit combattant et de l'action civique : le discours de Pichot au congrès de Clermont-Ferrand (UF), en 1922, et celui d'Ernest Pezet au congrès UNC de Vichy, en 1923. Le genre littéraire du grand discours de congrès entraîne évidemment un style rhétorique.

Voici d'abord Pichot :

L'esprit combattant n'est autre chose que l'esprit français et humain tel qu'il s'est constitué avec le temps.

Ce que nous venons de dire n'offre rien de nouveau, rien d'inédit, rien d'original, rien d'inattendu.

Fallait-il donc la guerre pour qu'un Français digne de ce nom aime et serve la liberté, la justice, la vérité, son pays et la paix ? Aucunement. Mais les Français d'avant guerre avaient laissé obscurcir leur raison et la guerre a redonné à toutes ces vieilles vertus traditionnelles leur sens et leur valeur.

La guerre donc n'a rien révélé, sinon que ce qui fait la valeur des individus et des peuples ne change pas et que l'histoire se répète. Les mêmes fautes amènent les mêmes catastrophes ; les mêmes vertus amènent les mêmes résurrections.

Non, les combattants ne sont pas des hommes extraordinaires. Les idées des combattants sont de vieilles idées ; les vérités des combattants sont de vieilles vérités ; les sentiments des combattants sont de vieux sentiments. Mais les idées, les vérités, les sentiments ont besoin de vivre par les hommes. Dès qu'on les abandonne, dès qu'on les renie, dès qu'on les oublie, dès qu'on les insulte, dès qu'on les piétine, c'est comme si on les tuait. Mais dès qu'on les reconnaît, dès qu'on les considère, dès qu'on les aime, c'est comme si on les créait. […]

Notre action ne s'éteint pas. Elle ne fait que commencer.

Au-dessus des intérêts sacrés des gens que nous avons la charge de défendre demeurent, éternels, impérissables, les intérêts de la cause pour laquelle nous avons lutté et pour laquelle tant d'hommes sont morts.

C'est à la défense, au service de l'idée humaine que tous nous mettons ce qu'il y a de meilleur en nous : nos fois, nos croyances, nos convictions, nos ardeurs et la force rayonnante de nos corps meurtris.

Oui, soyons bien convaincus que, si les hommes de la guerre s'abandonnent et renoncent [*noter l'indétermination*], la France et le monde sombreront dans l'égoïsme, la bassesse et l'anarchie. Ce n'est pas trop de la coalition de toutes nos volontés pour les sauver une seconde fois.

Hommes de la guerre, soyons les hommes de la paix, soyons les soldats de la liberté, les soldats de la justice, les soldats de la vérité, les soldats de l'humanité. Car les générations passeront, les nations passeront, les richesses, les honneurs et les gloires passeront ; mais la liberté, mais la justice, mais la vérité ne passeront pas.

Et l'esprit, malgré les fureurs des hommes, régnera sur le monde.[1]

On aura noté au passage, explicite, l'affirmation de l'identité de l'esprit combattant et de la morale éternelle, comme le doublet Français/humain, signalé au chapitre précédent. Le style est fortement rhétorique, avec notamment des répétitions cadencées (« dès que… », « dès que… », « dès que… » ; « passeront… », « passeront… », « passeront… »). Le vocabulaire moral est très riche (« égoïsme », « bassesse », « fautes », « vertus », etc.). Enfin Pichot interpelle son public, mais il ne se place pas en dehors de lui : il utilise l'impératif, mais à la première personne du pluriel : soyons les hommes de la paix, soyons les soldats de la liberté.

Ernest Pezet fouette davantage son public, et l'appel à l'effort moral prend chez lui des accents d'appel à la virilité :

Un de nos meilleurs camarades, magnifique écrivain de la guerre, Jean des Vignes Rouges, que j'ai déjà cité, a écrit des lignes que je propose en finissant à votre méditation :

Le jour où les êtres d'élite, hommes et femmes, descendront dans l'arène [*noter l'indétermination de l'action ainsi évoquée*] et parleront en maîtres aux foules qui gigotent dans les dancings ou qui se vautrent dans la paresse ; ce jour-là, nous entrerons dans les temps nouveaux dont rêvent les nobles esprits [*noter ces deux pluriels*]...

Les anciens combattants, leurs fils, et tous les héritiers spirituels de nos morts sont les cellules nobles qui subsistent encore dans la masse amorphe du peuple d'après guerre ; s'ils disparaissent ou s'ils abdiquent [*Pichot disait abandonner et renoncer*], il ne restera plus qu'une foule sans âme, grande bête décervelée qui se traînera sur le sol de France. Vision insupportable !... [...]

[...] Devenez des chefs, formule brûlante qui doit toucher vos âmes pour les faire se dresser altières et dominatrices sur cette foule d'après guerre.

Ah ! Comprenez-moi bien : s'il ne s'agissait que d'exciter les grossières ambitions de vulgaires jouissances, ma voix resterait sans force dans ma gorge ; mais vous êtes des hommes affinés par les souffrances de la guerre, et tant mieux si mes paroles déchaînent en vos cœurs la passion de dominer, car ce qui triomphera avec vous sera tout ce qui est le plus digne d'être érigé en loi.

Camarades ! Levez-vous et commandez ! La guerre a été pour vous le grand rachat mystique qui justifie votre droit et garantit la pureté de votre conscience.

Celui qui s'est offert à la mort pour la Patrie au grand soleil de la bataille n'a pas besoin de se dissimuler lorsqu'il aspire à compléter son œuvre ; en affrontant les risques du métier de chef.

« Hommes-chefs », mes Camarades, décidez ![2]

De telles phrases pourraient inquiéter : l'appel à dominer fait, en 1923, penser à Mussolini. Cependant, Pezet est un démocrate-chrétien et il ne versera jamais dans le fascisme. Il se laisse ici entraîner par le genre littéraire du grand discours de congrès, et agence des mots qui sonnent bien pour déclencher en terminant une salve d'applaudissements. On ne comprend pas son texte ou celui de Pichot en dehors d'un contexte culturel où l'éloquence est appréciée pour elle-même. Pezet lui-même contribuera deux ans plus tard à la fondation du concours d'éloquence de la DRAC, quand il paraîtra important aux défenseurs des congrégations de former des orateurs parmi les élèves des collèges catholiques.

Une morale de l'action

Il s'en faut pourtant que les textes d'articles soient beaucoup moins rhétoriques que ces discours. Les responsables du mouvement combattant écrivent comme ils parlent en public, et leur style affectionne les tournures oratoires, surtout en conclusion. Sans multiplier les exemples, signalons les procédés les plus courants. C'est d'abord l'emphase, obtenue par le recours à ce que les linguistes appellent des « présentatifs », du type « c'est… que ». Voici, sous la plume du même Ernest Pezet, quatre présentatifs à la suite :

Les AC attendent du « neuf », neuf par l'idée, la volonté, la sincérité, le cœur. L'« esprit combattant » se moque bien des classifications, des habitudes, conventions et propos des partis politiques ! Ce n'est pas « de la politique » qu'ils veulent faire : nous ne saurions trop le répéter.

Ce n'est pas des partis qu'ils vont servir, ni un parti qu'ils vont former.

C'est une conquête de l'« esprit public » que l'« esprit combattant » doit entreprendre.

C'est une œuvre de « salut public », en même temps qu'une œuvre de défense et de sauvegarde personnelles qu'il s'agit d'accomplir avec une vigueur, une impartialité, une probité dignes, je le répète, d'un « Comité de salut public ».

Voilà l'état d'âme.

Il faut des idées, un plan directeur : évidemment.

Il faut choisir les circonstances de l'action : d'accord [*on note que cette action est indéterminée, comme l'œuvre qui précédait*].

Nous en reparlerons. Mais ces indications, cette

traduction fidèle de notre « état d'âme » s'imposaient d'abord.

Les camarades de tous les partis — sauf de ceux qui blasphèment la Patrie, la Justice ou la Liberté [*mais quels sont-ils ? toujours l'indétermination !…*] — comprendront ces indications. Tous, ils peuvent communier à cet « état d'âme », à cet « esprit combattant ».[3]

Ce texte confirme l'opposition de l'esprit combattant à la politique de parti, la vocation morale que s'assignent les combattants (la conquête de l'esprit public), et l'universalité de l'esprit combattant. On retrouve les mêmes traits sous la plume d'Humbert Isaac, avec, cette fois-ci, des procédés un peu différents, et notamment des interrogations rhétoriques.

Nos groupes, nos sections, nos membres pourront suivant les conditions locales agir à leur gré dans les départements pour assurer le succès de notre volonté de voir la France *unie, restaurée, repeuplée, prospère, reconnaissante* envers ceux qui l'ont sauvée, assurée de sa *sécurité* dans un monde peu à peu *pacifié*. Cela, tous les Français peuvent — et doivent — le vouloir : ce n'est pas faire « de la politique », au sens usuel du mot, c'est s'élever au-dessus d'elle, lui arrachant ce qui ne lui appartient pas ; c'est planer sur les partis [*noter la revendication d'un lieu élevé*] qui tous, à moins de se moquer de la patrie, devraient se rencontrer sur ce terrain.

C'est peut-être fustiger quelques ambitions prêtes à se lancer à la curée, comme celles qui s'assouvissaient à l'arrière pendant que nous étions là-bas. N'est-ce pas notre devoir encore ? Et ne sommes-nous pas assurés du succès si nous savons vouloir ? [*noter là encore l'indétermination : quel succès ? vouloir quoi ?*] N'est-ce pas sans danger, si nous savons ne pas sortir des idées contenues dans les cahiers et dont les conséquences se préciseront peu à peu avec la netteté voulue, si nous savons ne pas heurter les partis et les hommes politiques, n'admettre dans nos Comités que des hommes éprouvés, ne pas encourager ou tolérer parmi nous des manœuvres, du dehors ou du dedans, qui aboutiraient à faire la courte échelle à des ambitieux ?

[...] Camarades de l'UNC, presque partout sans doute vous déciderez de prendre la place qui vous revient dans une action qui, quoi que vous fassiez, avec vous ou sans vous, prendra corps peu à peu partout, puisque partout tend à se ranimer l'esprit combattant, quelque peu assoupi. Vous contribuerez à assurer autour de vous, parmi nos camarades et parmi ceux que la guerre n'a pas appelés sous les armes, cet *éveil des consciences* qui doit assurer le salut du pays. Vous ferez, avec prudence mais sans vaine timidité, en serrant les coudes comme les troupes d'élite, le devoir qui nous paraît s'imposer à nous.[4]

Ce discours moralisateur ne se définit pas seulement par ses traits rhétoriques. Pour cerner l'idéal moral qu'il propose, il adopte volontiers une structure binaire, soit qu'il oppose la vertu au vice, soit qu'il précise une qualité en excluant son excès. Voici, avec un usage des italiques qui souligne les oppositions de termes, un exemple du premier procédé :

La voix des Anciens Combattants a parlé.

Elle demande que la *compétence* se substitue au *favoritisme*, que la *probité* remplace l'« *assiette au beurre* », que le *travail* remplace la *paresse*, que l'*ordre républicain* éloigne l'*anarchie*, que l'*organisation* chasse la *fantaisie*, que l'*union des bonnes volontés* supprime les *divisions dissolvantes*, que la *collaboration confiante* interdise la *lutte des classes*, que l'*amour*, enfin, détruise la *haine*.[5]

Cette présentation est habile, car elle enferme par avance le contradicteur éventuel dans une impasse. En effet, s'il refuse son adhésion, le discours lui assigne sa place parmi les vices qu'il énumère. S'il discute l'organisation, on lui reproche d'être fantaisiste. D'entrée de jeu, la position adverse est dénoncée par le caractère péjoratif de l'énoncé. L'autre procédé poursuit un but différent : il ne s'agit plus de réduire le contradicteur à une défensive défavorable, mais de rendre la contradiction impossible, en présentant son propos sous une forme très générale et qui réponde par avance aux éventuelles objections. Le meilleur exemple me paraît être cet appel de l'UNC au lendemain du 6 Février :

> La voix de l'UNC est la voix même du Pays.
> Le Pays est républicain.
> Le Pays est pour l'autorité, il est contre l'autocratie.
> Le Pays est national, il n'est pas nationaliste.
> Le Pays est pacifique, il n'est pas pacifiste.
> Le Pays est démocrate, il n'est pas démagogue.
> Le Pays est social, il n'est pas socialiste.
> Le Pays aime son armée, gardienne de sa sécurité, il n'est pas militariste.
> Le Pays est tolérant et libéral, il hait les sectaires.
> Le Pays est las des bavards, il est impatient d'action.
> Le Pays est honnête et sain, il exige la justice.
> Le Pays confond dans un même amour le Foyer familial et celui de la Patrie.
> Le Pays veut guérir. Il le peut. Il le doit.
> Françaises et Français.
> Votre devoir impérieux est de ne plus rester isolés.
> Adhérez et Faites adhérer à
> L'Action Combattante.[6]

Dans cet exemple, l'intention est plus politique que morale, et le texte penche à droite. Mais le procédé est familier. On le retrouve notamment dans les exhortations adressées aux jeunes aussi bien par l'UNC que par l'UF, et où l'on peut s'attendre à retrouver quelque résumé du moralisme combattant. Voici un texte de Léon Viala, l'un des leaders de l'UF :

L'UF doit être au premier rang... pour réclamer le maintien de l'ordre et pour rappeler à certaines catégories de citoyens que les droits les plus sacrés ne sont pas exclusifs de certains devoirs ; pour en appeler au bon sens de ceux qui se résignent mal aux inéluctables transformations sociales [...]

Je voudrais que commençât la substitution progressive des *jeunes* aux *anciens* afin qu'un juste équilibre puisse s'établir entre la sagesse prudente des uns et l'ardeur juvénile des autres, afin que les judicieux conseils des « vieux » puissent amender l'inexpérience des *jeunes*.

Mon dernier mot, à l'aurore de cette nouvelle année, sera encore pour les *jeunes* : osez avec mesure, soyez des hommes agissants et non des agités, soyez ambitieux sans être impulsifs, prenez conscience de vos responsabilités en même temps que de vos droits ; soyez de bons Français : soyez des hommes.[7]

On aura remarqué dans ce texte le doublet familier Français/hommes, et des traits rhétoriques déjà signalés, comme l'impératif d'interpellation. Ailleurs, on retrouvera des présentatifs (« ce n'est pas... que de »), et la modalité soulignée de l'obligation morale qui renforce l'impératif, comme dans cette « Épître aux jeunes » d'Aimé Goudaert, président du groupe du Nord de l'UNC :

Ce n'est pas agir que de se plaindre. Ce n'est pas agir que faire de l'agitation stérile.

Il ne suffit pas de faire bien, il faut faire mieux. [...]

Perpétuez l'esprit de la génération du feu. Soyez tolérants, soyez unis au-dessus des partis et des classes sociales [*noter le « au-dessus »*]. Combattez avec nous l'égoïsme, ennemi public qui fait taire la voix de la morale et nous a conduits devant les abîmes où nous nous trouvons. Agissez toujours en Français. Ayez vis-à-vis de vos Anciens de la politesse sans fausseté, de la franchise sans rudesse, de la complaisance sans flatterie, et des égards sans contrainte [...]

L'heure n'est plus au repos, car le sommeil est l'image de la mort. Il faudra que vous ayez le courage du risque à courir.

Il faudra que chacun nous apporte ce qu'il peut donner, et que vous acceptiez librement, joyeusement, entièrement, la discipline que nous vous demandons dans le cadre de notre programme de rénovation familiale, sociale et nationale.[8]

Ces deux textes n'expriment pas les mêmes orientations politiques. Par certains de ses thèmes, comme la rénovation familiale, le texte de l'UNC penche à droite, tandis qu'en 1937, souligner les devoirs qui accompagnent les plus sacrés des droits, c'est-à-dire la propriété, comme le fait Léon Viala, est un propos situé du côté du Front populaire. Il n'empêche que dans les deux cas un même code sert à formuler ces messages politiques différents. Ici comme là, on retrouve une action indéterminée, opposée à l'agitation, et l'appel à l'union. Des deux côtés, mêmes impératifs, mêmes verbes marquant l'obligation morale (il faut), mêmes rythmes binaires (franchise sans rudesse, ambitieux sans être impulsifs). Si l'on n'est pas familier avec cette langue spécifique, les différences échappent à la lecture et l'on n'en retient que les similitudes.

Il faut donc examiner avec une extrême attention la langue particulière que parlent les combattants, car, s'ils ne disent pas tous exactement la même chose, le fait qu'ils utilisent un code commun et la structure de ce code ne sont point des accidents dépourvus de signification.

L'ESPRIT COMBATTANT

L'un des pivots de cette langue est l'esprit combattant, que nous avons déjà rencontré à plusieurs reprises. L'existence d'un esprit unique, né de la guerre, est en effet le postulat sur lequel repose tout le discours combattant en matière politique et morale. Avant de décrire cet esprit — et certains ont écrit des livres pour le faire[9] — il faut affirmer premièrement qu'il existe, et deuxièmement qu'il unit les combattants. Ainsi pour cet anonyme de Seine-Inférieure, qui signe du numéro de sa carte du combattant :

Ils se sont trompés (ceux qui nous voient divisés), car ils ignorent ce qui nous unit, ce qui nous anime, ce qui nous grandit : l'esprit ancien combattant, c'est indéfinissable, né dans les souffrances de la guerre, ce sentiment fait d'amour et de bonté, tous les jours avivé par le plaisir d'avoir fait meilleure la vie d'un camarade d'hier.

L'esprit ancien combattant est notre raison d'espérer, partout le même il anime les groupements innombrables ![10]

Qu'il existe un esprit combattant, il est exclu d'en douter, même à l'extrême gauche. Vaillant-Couturier refuse de fonder sur cet esprit une politique, mais il n'en conteste pas la réalité :

Il y a un esprit combattant, cela est vrai. Un esprit qu'il faut cultiver, entretenir, un esprit d'entraide, de solidarité, acquis dans la misère commune, un esprit qui se nourrit surtout de l'horreur des combats et du mépris de ceux qui les méditent.[11]

Quant à définir avec précision cet esprit, c'est une autre affaire. Les textes innombrables qui l'entreprennent, en quelques lignes ou en quelques pages, hésitent entre deux présentations : le stéréotype du caractère « poilu » d'une part, les principes universels de la morale de l'autre.

Réalisme et franchise

Une première famille de définitions tire l'esprit combattant des habitudes prises aux tranchées : l'horreur du bourrage de crâne engendre l'amour de la franchise, la dureté des conditions de vie provoque une certaine rudesse. La guerre a été une école de réalisme, de désintéressement et de résolution. D'où le stéréotype du combattant, un homme qui ne s'encombre pas de précautions oratoires, voit les choses en face, avec bon sens, qui n'est pas fier, déteste les privilèges et pratique l'entraide. Rude franchise, réalisme, dévouement, résolution et solidarité composent ainsi un portrait type, repris de tous côtés. Voici par exemple le président de l'UNC des Ardennes qui présente son groupement à un nouveau préfet :

Nous ne faisons pas de politique. Ou plutôt nous n'en connaissons qu'une seule : celle qui fera de la France la plus grande et la plus humaine des patries [*noter une fois de plus le doublet patrie/humanité*]. En dehors et au-dessus de tous les partis [*noter les deux adverbes*] n'est pas pour nous une formule banale ; vous pouvez vous en rendre compte ici même ; nous groupons des hommes appartenant à tous les points de l'horizon politique. Et c'est ainsi depuis 1919.

C'est que nous sommes de véritables anciens combattants, au parler franc mais au cœur loyal et que nous avons un idéal commun, la prospérité de la patrie.

Et nous ne considérons cette prospérité de notre France comme possible que dans l'union de toutes les bonnes volontés et c'est pourquoi nous voulons la paix entre nous, la paix entre les Français, la paix dans le monde.

En nous unissant, nous n'avons rien renié de notre moi, de notre personnalité politique ; mais comme dans les tranchées, nous avons appris à nous connaître et à nous aimer, nous savons respecter chez les autres ce que nous voulons que l'on respectât chez nous.

Ce respect mutuel des consciences fait notre force et rend indestructible notre bloc.

Nous sommes des Sangliers, mais comme tels, nos rudes soies cachent un cœur particulièrement sensible...[12]

Et le nom même de ce groupe résume à lui seul ce stéréotype de l'Ancien Combattant : ne s'intitule-t-il pas « Les sangliers des Ardennes » ?

Il n'a rien d'exceptionnel. Deux autres textes le confirmeront. Le premier est du directeur administratif de l'UNC, Hubert-Aubert :

Les AC sont des réalistes. Ils se méfient — comme des obus — de tous les endormeurs, de tous les excités, de ceux qui cachent leur indigence de pensée et d'action sous une truculence de mots et chloroforment l'opinion, aussi bien que de ceux qui, pour mieux et plus vite arriver à leurs fins font admirer à leurs concitoyens les beautés d'une lune… qu'on ne décrochera jamais…

Les poilus savent combien est lente la victoire, mais ils savent aussi qu'avec de la persévérance il est possible de briser les résistances.[13]

Le second exemple est emprunté à un anonyme de l'ARAC, en 1919 :

Nous avons assez souffert du bourrage de crânes pour le pratiquer à notre tour. Nous avons été pendant plus de quatre ans les victimes des beaux diseurs aux phrases creuses qui ont conduit la guerre d'une manière déplorable.

Pour cela même, nous ne nous payons pas de mots. Nous passerons aux actes [*noter l'indétermination : quels actes ?*]. Nous ne mettrons pas notre ambition à dresser un programme vaste et complexe. Nous sommes des réalistes : nous nous plaçons nettement en regard de la situation présente ; nous en examinons de sang-froid les conséquences immédiates et les répercussions lointaines. Demain nous demanderons, nous exigerons que l'on adopte la solution qui nous paraîtra la meilleure parce que la plus équitable.[14]

Cette filiation de l'esprit combattant qui souligne la rude franchise et le réalisme, comme la détermination, s'accompagne souvent d'un langage viril : on n'a pas oublié le « Hommes-chefs, mes camarades, décidez » d'Ernest Pezet. C'est une pente sur laquelle se laisse glisser parfois le discours combattant, dans sa volonté de galvaniser le public auquel il s'adresse. L'ARAC elle-même y cède parfois, comme en témoigne cet entrefilet en corps gras, publié dans *L'Ancien Combattant* d'août 1919 :

Ancien combattant, tu dois être un homme nouveau.

Tu as obéi pendant la guerre, toi seul dois commander en temps de Paix.

Tu as tout sauvé, le pays, les personnes et les biens. Toi seul n'as rien. Réclame ta place au soleil.

Sois conscient. Sois libre.

Groupons-nous. Soyons un bloc uni par une discipline forte, mais librement consentie [*on remarquera ce stéréotype civique de la discipline librement consentie, général dans le monde combattant*].

Les vertus du combattant

La seconde famille de définitions identifie l'esprit combattant à l'esprit public tel qu'il devrait être. Elle répond à la même fonction, mais par d'autres moyens. Les définitions par les origines garantissaient l'unité des combattants : forgés par la même expérience ils ont la même âme. Les définitions par la morale universelle assurent aussi bien l'unité des combattants, mais elles l'élargissent à tous les bons citoyens. Les premières tendent à exclure le non-combattant, les secondes, au contraire, à l'intégrer :

L'esprit combattant est l'esprit de ceux qui ont appris, à la rude école de la guerre, ou réappris un certain nombre de vertus, tels l'acceptation du sacrifice, l'abnégation, la nécessité de subordonner l'intérêt particulier à l'intérêt général, le dévouement d'un à tous, la solidarité vivante, agissante, la fraternité ou mieux, l'amitié fraternelle, et, en sus, le goût de l'action et le véritable sens du progrès.

Il y a des combattants très authentiques qui n'ont jamais eu cet esprit. Il en est d'autres qui, rentrés parmi le commun des hommes, l'ont perdu au contact d'une société malade, sous la poussée d'ambitions plus ou moins légitimes, pour la satisfaction d'appétits plus ou moins nobles. Nous ne sommes pas leurs juges. Nous voulons travailler avec les vieux camarades qu'anime l'esprit ancien combattant et même avec ceux qui n'ayant pas fait la guerre comme nous et parmi nous se sont laissé pénétrer par la puissance de cet esprit qui a réchauffé leur énergie et leur générosité.[15]

Dans cette perspective, la guerre n'a pas créé vraiment un esprit nouveau : elle a rappelé l'importance des vertus traditionnelles. C'est ce que disait Pichot, dans le discours au congrès de Clermont-

Ferrand que nous avons cité plus haut. C'est ce qu'il redit avec Marcel Lehmann, dans un article repris en brochure de propagande :

Nous sommes convaincus [...] que l'esprit combattant n'est pas mort, que les hommes de la guerre ont gardé la foi des anciens jours. Hélas ! Ce n'est pas que vraiment la guerre ait révélé quelque chose ; elle a redonné sens et vigueur à des vérités oubliées ; elle a rappelé aux Français la puissance de l'instinct national ; elle leur a démontré à nouveau la nécessité de la discipline et la valeur du sens social. Elle a établi la supériorité de l'action, nous entendons de l'action réfléchie, sur le verbalisme et sur l'agitation. Elle a prouvé qu'on n'arrive à rien si ce n'est au nom d'une doctrine, par une méthode, en un mot par une politique. Elle a fait apparaître surtout que la fraternité et le respect réciproques sont possibles au-dessus des divergences et des oppositions de toute nature. Elle a ressuscité dans l'esprit des combattants l'amour des grandes idées si souvent ternies et corrompues par ceux qui s'en sont servis au lieu de les servir.[16]

Dans cet article de revue, plus technique, le style est moins rhétorique qu'à l'ordinaire. Mais les idées restent celles du congrès de Clermont.

La plupart des textes, cependant, réunissent les deux définitions et tirent comme leçon de la guerre des principes moraux assez généraux pour que tous puissent y adhérer. Suivons par exemple l'un des dirigeants de l'UF du Pas-de-Calais :

Une fédération d'AC est un amalgame d'hommes, très différents par la pensée, la condition sociale, les croyances et les idées, mais ayant formé dans le creuset de la guerre un esprit nouveau que José Germain a appelé l'esprit combattant. C'est cet esprit qui forme l'âme de nos Fédérations : esprit de justice, esprit de bonté, esprit de tolérance, esprit de sacrifice. Aucun homme, autre qu'un Ancien Combattant, n'a vécu plus près de la mort et aussi longtemps. La mort rend plus sage et meilleur celui qui l'approche. Plus sage, car en sa présence l'homme se sent petit et cherche autour de lui l'appui qui lui est nécessaire pour ne pas être attiré par l'abîme qu'il découvre, soudain, à ses pieds. Meilleur, car en sa présence, il constate combien est stérile la haine qui sépare les hommes. Devant la mort, l'amour apparaît comme la source de la vie. Les AC ont tourné le dos à la mort et ouvert tout grand leurs bras à l'amour. L'amour des leurs, l'amour de leurs compagnons de misère, l'amour de leur pays. Qu'ils soient catholiques ou libres penseurs, qu'ils soient des hommes de droite ou de gauche, qu'ils soient riches ou qu'ils soient pauvres, ils se retrouvent toujours, qu'ils le veuillent ou non, dominés par ce sentiment d'amour qui unit les hommes de la guerre et qui fait naître un esprit de justice et de bonté.[17]

Le sentiment qu'exprime avec sincérité ce militant sert ailleurs de prétexte à des développements oratoires plus suspects. Ainsi en va-t-il de José Germain, auquel ce texte fait allusion, non parce qu'il a inventé l'esprit combattant, mais parce qu'il lui avait consacré, dans le Pas-de-Calais, une conférence retentissante, dont l'organe de l'UF locale rendait compte en ces termes :

Avec un rare talent, avec cette foi du poilu de l'Artois définissant cet esprit né de la guerre, José Germain broda son thème sur les douze points suivants :

1. Le Combattant est attaché au pays qu'il a sauvé parce qu'il a souffert pour lui.
2. Il est pacifique parce qu'il connaît bien la guerre.
3. Il a le sens de l'action et se méfie des rhéteurs.
4. Réaliste dans l'idéalisme, il n'admet pas de dangereuse idéologie.
5. Il est ordonné par haine du désordre.
6. Il est constructeur par haine de la destruction guerrière.
7. Il est ennemi du mensonge et a horreur du bourrage de crâne.
8. Il a le sens de l'intérêt général auquel il a plié le sien.
9. Il a un appétit d'autorité et de discipline consentie.

10. Ayant la connaissance de la solidarité il a l'esprit d'équipe.

11. Grand partisan de la tolérance politique et religieuse il ne connaît pas de haines sociales.

12. Enfin il sait assumer des responsabilités.

C'est un chef-d'œuvre de clarté. La plume est impuissante à établir un compte rendu digne d'une parole aussi distinguée et d'ailleurs, ces idées sont d'une telle limpidité, d'une telle précision, qu'on peut considérer ce sommaire de la conférence comme l'Évangile de l'Ancien Combattant.[18]

Ailleurs, il est impossible de dissocier l'amplification rhétorique de la conviction sincère. Georges Pineau croit à l'esprit combattant tout en lui prêtant des conséquences incertaines :

La guerre avait réalisé ce miracle de briser les égoïsmes. Chacun, dans cette immense armée, se sentait si petit, si abandonné, si anonyme, qu'il recherchait le bras du copain. Tout ce qui faisait hier la raison d'agir ne comptait plus. À quoi bon former des projets, puisque l'on ne savait pas si l'on vivrait le lendemain ? La hantise de la mort poursuivait les cerveaux et la menace constante du danger maintenait dans les âmes le sentiment de la solidarité nécessaire.

Il ne s'agissait plus de « vivre sa vie » aux dépens des autres, mais de vivre honnêtement, en brave homme, les heures présentes qui pouvaient être les dernières. [*Jusqu'ici, l'analyse est confirmée par les témoignages de guerre et sonne assez juste. Mais on frôle maintenant l'interprétation idéologique :*]

La guerre rapprocha les esprits et les cœurs. Dégagées de tout souci matériel, purifiées par la souffrance, les âmes s'embrasèrent, enthousiastes et frémissantes, de ce beau sentiment de l'amitié. Dans ces corps fatigués et meurtris vibrèrent des âmes de feu.

Et tous ces hommes qui étaient les grandes victimes de la haine s'aimèrent comme des frères.

L'esprit combattant — l'âme commune de la génération du feu — c'est donc d'abord l'esprit de fraternité. C'est aussi l'esprit de vérité : devant la mort, le masque tombe, l'homme ne joue pas la comédie.

C'est l'esprit de paix qui comporte non seulement la haine de la guerre internationale, de la guerre civile et des querelles des partis et des classes, mais le désir profond de se connaître, de s'entendre et de s'estimer. C'est l'esprit de discipline, chaque citoyen travaillant à sa place pour le bien de tous, l'intérêt général primant l'intérêt particulier. C'est l'esprit de liberté qui assure à chaque individu le droit d'agir et de penser comme il lui plaît. C'est l'esprit civique, tous les membres de la cité s'intéressant généreusement, selon leurs moyens, aux affaires publiques.

Neuf ans déjà ont passé.

Les pessimistes affirment que l'esprit combattant s'est fondu dans les multiples occupations de l'après-guerre. Le temps — cet impitoyable fossoyeur des plus chers souvenirs — a chassé des mémoires le douloureux passé. [*Noter l'allusion, qui confirme ce que nous disions au premier chapitre, à propos de l'évolution des souvenirs. On est en 1927 !*] Et chacun a repris son hideux visage d'autrefois.

Cela n'est pas.

Quand on reprend contact avec les Hommes de la Guerre, on s'aperçoit bien vite que leur âme de combattant vit toujours intensément en eux. Non ! On n'oublie pas.

Parlez aux combattants, jetez à pleine gueule les vérités que les politiciens cachent à leurs oreilles, évoquez des souvenirs de guerre, ne mâchez pas les mots, et vous les verrez frémir et se reprendre.

Aussi c'est vers vous, camarades dirigeants de l'UNC que je me tourne en terminant, car c'est vous qui devez être les mainteneurs de l'esprit combattant. Militants des grandes villes ou des villages, notre devoir est de prêcher inlassablement le rassemblement des cœurs et de donner, nous-mêmes, l'exemple d'une vie probe que commande, dans tous ses gestes, l'esprit combattant.[19]

L'esprit combattant

On pourrait poursuivre les citations. Mieux vaut s'interroger sur la signification du stéréotype de l'esprit combattant. J'y vois pour ma part quatre composantes.

Tout d'abord, ces propos comportent une part de vérité. Sur certains points, la guerre semble avoir effectivement modifié les comportements et les opinions. Elle n'a pas été l'école de fraternité que disent les combattants, mais ils y ont tous connu des moments d'intense émotion fraternelle. Leur horreur du bourrage de crâne est incontestable. De même, il est vrai que la vie commune a appris aux catholiques et aux anticléricaux à mieux se connaître, à s'estimer et à se respecter. Les querelles du début du siècle sont apparues vaines et artificielles. Pour les combattants, la question religieuse appartient à un passé révolu, et les instituteurs laïques cohabitent sans peine avec les ecclésiastiques. Le fait semble assez important au préfet pour qu'il rende compte d'un incident révélateur de cet esprit nouveau, lors du congrès UF d'Orléans, en 1919 :

> L'abbé Matteudi fait ensuite appel à l'union qui doit se maintenir pendant la période de paix aussi ferme qu'elle l'a été pendant la guerre. Un instituteur laïque proclame que le fossé séparant les membres de l'enseignement libre et officiel est comblé. De cordiales poignées de main à M. l'abbé Matteudi souligne [*sic*] cette déclaration.[20]

La guerre ne marque pas seulement la fin du patriotisme antidreyfusard à la Déroulède ou à la Barrès. Elle marque aussi, pour les combattants, la fin de l'anticléricalisme à la Combes.

De même, le stéréotype combattant sur l'autorité et la discipline n'est pas totalement dénué de fondements. Un bon observateur, Georges Bonnet, le remarquait dès 1917. Il citait, en l'approuvant, Guillaume de Tarde :

> La France de 1914-1917 est plus sincèrement démocratique qu'elle l'a jamais été, et elle est éprise de commandement [...]
>
> D'une part, le prestige de l'intelligence et de la volonté, la nécessité de chefs et d'un gouvernement sain, c'est-à-dire vigoureux et fort résolument — d'autre part un sentiment passionné de justice sociale — voilà les deux bouts de la chaîne.

Et il confirmait, pour son propre compte :

> Qu'on sache bien le désir des soldats ; ils veulent pour l'avenir des chefs d'un vrai mérite, qui sachent exercer à bon escient une autorité nécessaire, mais sans pour cela porter atteinte à l'ensemble des libertés qu'ils ont conquises et qu'ils méritent plus que jamais.[21]

Il semble bien, en effet, que l'urgence des situations de guerre ait conduit à apprécier d'une façon nouvelle les problèmes de commandement, l'autorité se manifestant nécessaire, cependant que l'autoritarisme devenait insupportable.

La référence à l'esprit combattant n'est pourtant pas seulement l'écho d'une expérience. Une seconde composante est le désir de donner sens à la guerre, lors même qu'elle a été vécue comme une tuerie absurde, un massacre inutile. Affirmer l'existence de l'esprit combattant, c'est affirmer que la guerre n'a pas été totalement vaine. À côté des destructions matérielles et des morts, elle a appris quelque chose à ceux qui l'ont faite. C'est le thème des « leçons » de la guerre, qui revient sans cesse. Admettre qu'il n'y avait rien à apprendre à la guerre, ce serait sombrer dans l'absurde. Toute la mentalité combattante s'insurge contre cette perspective.

Le stéréotype de l'esprit combattant remplit une troisième fonction, capitale pour les associations : il fonde leur existence et atteste leur unité. Cette fonction est d'autant plus importante qu'en réalité les associations sont nombreuses et divisées. Leur unité n'apparaît guère. Bien plus, le recrutement de chacune d'elles est trop hétérogène, politiquement et socialement, pour assurer leur cohésion. Postuler une unité fondamentale, dans la participation à un même esprit, permet de conjurer le spectre de la division ou de l'éclatement.

La quatrième fonction de l'esprit combattant est tout aussi importante. Il permet aux responsables d'associations de revendiquer comme spécifiques des principes auxquels tous pourraient souscrire. Prétendre, comme le fait Pichot, que les combattants n'ont rien inventé, semble dangereux : s'ils n'ont rien de particulier à dire, pourquoi parlent-ils ? Au contraire, l'esprit combattant et les leçons de la guerre leur permettent de se présenter comme les détenteurs privilégiés de vérités ignorées ou bafouées, alors même que ces vérités appartiennent au bagage commun de la morale universelle.

On comprend donc que l'existence de l'esprit combattant ne puisse être mise en doute, encore que le langage la tienne pour bien problématique, puisqu'il le dit indéfinissable et parle de le réveiller ou de le ranimer. C'est que, s'il n'existait pas, les associations seraient renvoyées à leur division de fait. Bien plus, elles n'auraient à proclamer aucun message d'intérêt national, elles devraient se taire. L'esprit combattant fonde à la fois l'unité de la génération du feu et sa magistrature morale.

Ces remarques ne permettent pas encore de dégager la signification du discours combattant sur la politique. Elles interdisent cependant d'y lire une menace fasciste.

D'une part, en effet, ces propos sont fondamentalement rhétoriques. Il convient pour les interpréter de faire la part du genre littéraire ; l'amplification oratoire ne se prend pas aussi littéralement que le rapport administratif ou judiciaire. En outre, les combattants restent dans l'ordre du discours, sans aborder celui des actes. Certes, ils ne cessent d'appeler à une action efficace, mais jamais ils ne la désignent ni ne la définissent. Ils multiplient les appels du type :

> Il reste que nous devons agir.
>
> Notre foi dans les destinées françaises, nos souvenirs de la guerre, notre amitié des Poilus, notre confiance dans l'efficacité du mouvement des

anciens combattants, notre conviction de pouvoir réaliser un peu plus de justice sociale et de paix, tous les nobles sentiments qui animent nos âmes généreuses sont autant de raisons d'agir.

Agir, tout est là.[22]

Ou encore l'involontairement cocasse « il s'agit d'agir » d'un autre militant, à la fin d'un article sur la réforme de l'esprit public, thème éminemment moralisateur :

Qu'ils se lèvent les jeunes gens qui veulent tenter la grande aventure ! Il ne s'agit ni de mandats, ni d'honneurs, ni de fonctions. Il ne s'agit pas de prolonger l'agonie d'un monde essoufflé. Il s'agit d'avoir l'œil net, l'esprit clair et le cœur solide. Il s'agit de comprendre pour agir et d'agir pour construire…[23]

Aucune action politique précise n'est à l'horizon de cette éloquence.

Il n'est pas indifférent, d'autre part, que la rhétorique combattante vise à élever les cœurs et développer les vertus. En revendiquant une magistrature morale, les combattants s'interdisent tout comportement immoral : leur moralisme les oblige à respecter le droit et la légalité. Les seules armes qu'ils s'autorisent sont celles du juste et du sage : la persuasion, la contagion du dévouement et de la vertu.

Au niveau de ses modalités d'intervention dans la politique, le mouvement combattant apparaît ainsi comme tout le contraire d'un mouvement fasciste ou fascisant. Ce n'est point parmi ses dirigeants respectables et imbus de morale qu'un fascisme français aurait pu recruter ses aventuriers ou ses hommes de main.

Chapitre VI

LA POLITIQUE DES COMBATTANTS : LES CLASSES MOYENNES ET LE RÉGIME

Le discours politique des combattants est trop rhétorique, trop moralisateur surtout, pour qu'on y voie un péril fasciste. Mais cette conclusion provisoire est trop négative pour qu'on s'en satisfasse. Quelle interprétation positive proposer de ces stéréotypes inlassablement ressassés, sur l'esprit de parti, l'esprit combattant, l'intérêt général supérieur aux intérêts particuliers, servir au lieu de se servir, etc. À quoi tendent ces propos et quelle est leur visée ?

LE REFUS DES DIVISIONS

Le moralisme combattant est un refus des divisions. Cela est manifeste dans l'analyse des difficultés que traverse la France. Les combattants développent le thème d'une crise de moralité qui relègue au second plan et fait presque disparaître les contradictions économiques et sociales. Voici, par exemple, un article typique d'Humbert Isaac :

Entraînés par l'égoïsme, servis par l'argent et par une imagination dévergondée déformant jusqu'à l'image des réalités, les hommes, une fois de plus, se sont écartés de la voie droite. Rien de sain et de solide ne sera fait sans un retour déterminé à la Vérité, aux Lois et à la Morale naturelle. De la nature des choses et de l'évolution de la Civilisation découlent des nécessités inéluctables auxquelles il faut se conformer pour le Redressement moral et la recherche d'un ordre meilleur, plus humain, dans le domaine social, politique et économique.

Qui peut nous guider dans ce redressement et cette recherche, sinon notre conscience, conscience personnelle, conscience collective, éclairée par les forces spirituelles, soutenue par les forces morales, éprouvée même par la souffrance ? et pour qui une conscience élevée, éprouvée, est-elle plus nécessaire que pour les Chefs d'une collectivité, d'une nation ?

Il ne peut être de conscience éclairée sans un idéal. Vers lequel tendre, sinon vers la fraternité des hommes, si étroitement solidaires dans la vie moderne, puis des Nations qui le deviennent de plus en plus avec le Progrès. Et n'est-ce pas faire œuvre de fraternité que de poursuivre la Justice, le Droit au Travail, la répression du mensonge et des abus, la suppression des cumuls ? De procurer une vie meilleure à ceux qui souffrent et à leurs enfants ? De ramener le capital à sa vraie fonction sociale, d'imposer aux privilégiés de l'époque des sacrifices que nous, du moins, avons le droit de prêcher ? [*On notera, comme dans le texte de Georges Pineau, déjà cité, l'emploi du verbe « prêcher » sans connotation péjorative, pour désigner l'une des interventions des combattants.*]

Et quel principe observer dans l'action, sinon l'Union comme au Front ? Nous ne voulons pas croire à la séparation inévitable de nos concitoyens, à travers toutes sortes de catégories, en deux camps destinés à s'entre-dévorer. [*Le refus du clivage politique est ici parfaitement explicite, dans ce texte de la fin de 1934.*] Nous voulons tout faire pour convaincre plutôt que de combattre, en vue de réaliser l'unité française comme s'est refaite, par d'autres moyens et pour d'autres buts — l'unité d'autres peuples. Volonté d'union à poursuivre, sur tous les terrains, dans la Famille, la Profession, la Commune, la Région, dans la Nation en rassemblant peu à peu autour d'une doctrine positive [...] tous les Français épris d'idéal.

Le cadre, la route ne sont-ils pas tout tracés : Liberté Ordonnée ? — dans la vie quotidienne, les activités sociales et professionnelles, la production et la distribution des produits — l'État intervenant pour encourager, promouvoir s'il le faut, et contrôler.

La Tactique ? Marcher tout droit, les Anciens

Combattants à l'avant-garde avec leur fanion et l'« Esprit Combattant », UNC et UF s'il se peut, en tête, les autres groupements suivront et sans doute la Confédération telle qu'elle va se réorganiser, les « Jeunes » en renfort. Devant les obstacles, un temps d'arrêt, des pourparlers, puis, en avant. [*Noter, derrière la métaphore militaire, l'extrême imprécision de l'action dont on parle*.]

Nous sommes une masse. Il faut en elle réveiller, fortifier l'Esprit Combattant ; [*ce n'est pas la première fois que nous rencontrons de telles invitations à ranimer cet esprit*] puis achever de la convaincre, lui donner confiance. Par ses manifestations, agir à son tour sur l'Opinion ou, s'il faut aller vite, sur les Pouvoirs Publics ; assurer le maintien de la Paix intérieure.

Pour diriger cette masse, il faut une élite. Ne l'avons-nous pas ? Dans cette élite, il faut choisir des Chefs ; c'est le plus difficile [...] ce ne doit pas être impossible [...]

La Voie du Salut, non pas d'un moment, mais permanent, voici donc en quelques mots comme elle apparaît à quiconque réfléchit à la recherche du vrai Progrès :

Un objectif : le Bien Commun.

Une lumière : la Vérité.

Un guide : la Conscience.

Un idéal : la Fraternité.

Un principe : l'Union.

Une route : La Liberté ordonnée.

Une tactique : l'Esprit Combattant en avant, avec Combattants et Jeunes.

Une élite : des Apôtres, des Chefs.

Dans cette voie, en avant, avec prudence bien entendue [*sic*], mais avec confiance ![1]

Il s'agit là évidemment d'un texte de droite. Malgré quelques concessions à la gauche (le droit au travail, l'union des peuples, le progrès, les sacrifices imposés aux privilégiés), la tradition de l'organicisme chrétien y est très forte (famille, profession, commune, région). Mais son moralisme est partagé par l'ensemble du mouvement combattant, et l'on rencontre à gauche des déclarations voisines. Voici par exemple un article, presque contemporain, d'Henri Pichot :

À l'origine des malheurs de maintenant se trouve une faute d'esprit, car [...] tous maux humains ont toujours une cause morale.

Et c'est là la faillite du capitalisme moderne ; elle est une faillite matérielle, concrète, parce qu'elle fut une faillite morale [...]. Les grands chefs du capitalisme moderne, industriels et banquiers, se sont ri de toute inspiration morale et de toute obligation sociale ; lâchée sur le monde comme une cavale de l'Apocalypse, la science est en train de se tuer parce qu'elle a échappé à l'étreinte de la morale. [...]

Que pourrait en faveur de l'homme, au service du droit humain à la vie, au service de ces consommateurs dont chacun est un homme, c'est-à-dire une âme vivante, pensante et souffrante, une *société sans âme*…

Il faut redresser ce monde égaré et en perdition…[2]

Moralisme et indétermination

Ce diagnostic moral appelle une action moralisatrice de portée générale : où que l'on soit et quoi qu'on fasse, il est toujours possible de faire mieux ou d'être meilleur. C'est donc à chacun de se convertir. L'appel à l'action et au bien peut ainsi s'adresser à toute la nation, sans jamais désigner d'adversaires ou d'alliés, sans jamais concerner une action précise, et nous n'avons cessé de noter au passage l'absence totale de détermination des actions dans les textes cités. Le moralisme et l'indétermination vont de pair : ils caractérisent un discours où l'action ne peut faire de mal à personne parce qu'elle appelle chacun à être meilleur.

Aux anciens combattants qui sont dans les partis, nous disons :

Voici le programme des hommes qui veulent « Servir ». Examinez-le. Ceux qui l'ont rédigé après réflexions, recherches, consultations, accords, n'ont rien inventé. Ils l'avouent.

Ils ont glané à droite et à gauche. Mais ils prétendent que sur les points de ce programme essentiel, vital, l'accord est possible, facile. Ils ajoutent : nécessaire.

S'ils ont raison, vous le leur direz. Vous viendrez à eux. Ce n'est pas la besogne qui manque.

Les idées de ce programme, vous les prendrez. Dans les partis où vous êtes, vous les imposerez. Vous les ferez prévaloir contre tout le reste.

Allez-y durement. Obligez les intrigants à se démasquer, les utopistes à regarder à leurs pieds ; partagez votre cœur avec les timides ; inoculez aux froussards votre hardiesse.

Fais cela, toi, à droite, contre les égoïstes qui ne voient dans l'ordre qu'un moyen de conserver…

Fais cela, toi, à gauche, contre les arrivistes qui ne voient dans la révolution qu'un moyen de parvenir.

En poussant un peu fort, toi et toi, vous vous retrouverez face à face, les pieds sur les baudruches dégonflées, sur les idoles brisées, sur les torches éteintes, face à face et les bras prêts à la fraternelle accolade.

Et toute la France sera avec vous, les généreux et les forts.[3]

C'est là un texte de droite. Mais, à gauche, le ton n'est guère différent :

Mes chers camarades, il faut que vous vous rendiez bien compte de la gravité de l'heure.

Votre bulletin de vote doit peser de toutes ses forces dans le scrutin du 11 mai […]

Montrez-vous des hommes de devoir et de réflexion.

Efforcez-vous de voir clair et net. Les affirmations d'affection, d'admiration même, les promesses ne vont pas manquer. Pour assurer l'avenir, regardez le passé et ne soyez pas éblouis par le mirage des paroles.

À cette heure qui est décisive pour la réalisation de vos revendications et la marche vers votre idéal de Justice et de Paix, vous ne serez plus des hommes de partis, mais il faudra bien que vous recherchiez avec courage et sincérité quels sont les partis qui vous donnent le plus de garantie pour l'avenir.

Et lorsque, dans la force d'une conscience réfléchie, vous avez discerné et choisi les candidats qui peuvent comprendre et représenter les hommes de la guerre, entrez dans la lutte [*toujours l'indétermination !*] avec l'énergie et la sérénité que donne le sentiment du devoir à accomplir.

L'heure n'est plus aux jérémiades plaintives et vaines. L'heure n'est plus aux discussions académiques. Il y a un « esprit combattant » à faire triompher [...]. *Caveant consules* ! Ou que les chefs que vous avez choisis ne s'attardent plus en actions mesquines et qu'ils veillent ! Qu'ils veillent à ne pas contrarier les faces [*sic, pour « forces »*] de mouvement des troupes d'Anciens Combattants.

Si vous le voulez, camarades, la France de

demain sera belle. Mais que votre volonté soit guidée par la réflexion, la conscience et le souvenir.[4]

Ainsi, tous ces appels tonitruants à l'action, placés rhétoriquement sous le signe de l'urgence et de la nécessité (thème de l'*heure*...) débouchent en fait sur une modeste invitation à faire partout pénétrer l'esprit combattant. C'est en tout cas ce que comprennent les militants du rang, comme ces délégués du Pas-de-Calais :

Il me paraît beaucoup plus prudent, plus réalisable surtout, de continuer à développer l'esprit combattant, d'utiliser notre passé corporatif et les dévouements de nos militants. Notre place est d'aller dans tous les milieux sociaux, les diverses associations, républicaines, économiques, philanthropiques, les comités électoraux même pour y soutenir, y propager les idées sur lesquelles nous sommes depuis longtemps d'accord [...]

En portant partout notre esprit combattant sans forfanterie ni faiblesse nous rendrons à toutes les organisations caduques ou faussées une activité nouvelle et, en travaillant aux réparations dont le terrible passé est cause, nous rétablirons la confiance en un avenir meilleur.[5]

Toute notre action morale doit, à mon appréciation, se porter à éloigner du monde les ferments de discorde et de rivalité qui pourraient être la cause, dans l'avenir, du retour d'un effroyable cataclysme. Et pour cela, la première condition est que nous exigions de tous ceux qui, à un titre quelconque, aspireront à faire partie des assemblées qui dirigent et gouvernent le pays, un acquiescement absolu, aux idées d'humanité, de bonté, de bonne entente mutuelle qui sont à la base de l'esprit combattant […]. Ne mettre à notre tête que des élus imprégnés de ces idées qui se dégagent de chacun de nos congrès, c'est-à-dire avoir à cœur de travailler pour les autres, savoir ne conserver aucune rancune pour des froissements insignifiants, bannir l'égoïsme de nos relations…[6]

Ce moralisme dispense les combattants de reconnaître la réalité, la permanence et la force des conflits sociaux. Jamais ils ne proposent une représentation de la société comme divisée en groupes antagonistes, aux intérêts opposés. La notion même de groupe social, à plus forte raison celle de classe, est absente de leur vocabulaire. Ils prennent en considération l'économique et le social comme des domaines spécifiques, qui demandent à être organisés et représentés, intégrés dans l'État. Ils connaissent les professions. Ils admettent les associations, et parmi elles les syndicats à qui ils accordent beaucoup d'importance. Jamais, en revanche, ils n'analysent une situation ou une difficulté, ni même une crise, en termes de conflit entre des groupes sociaux aux intérêts inconciliables.

Rien ne le montre mieux que la position adoptée à l'unanimité par la Confédération nationale devant le Front populaire. Face à l'affrontement des ouvriers et de la bourgeoisie, le réflexe des combattants est d'inviter à la bonne volonté et à la vertu :

Les Anciens Combattants [...] écartent et condamnent :

1° Le conservatisme aveugle ou l'indifférence de ceux qui croiraient possible de maintenir certains privilèges, de cristalliser l'évolution économique et sociale en son état actuel ;

2° Le recours à la force qui, dans aucun domaine, ne satisfait la justice et n'apporte aucune solution durable aux problèmes humains.

3° Les excitations à la violence, à la haine, aux passions.

Les Anciens Combattants [...]

Sont unanimement d'accord pour crier au Pays, dans les heures graves qu'il traverse, que les Français, en se divisant, commettent une erreur et commettraient un crime en se dressant les uns contre les autres.

Ils sonnent le ralliement de tous, persuadés que la France ne peut être sauvée que dans l'union, chacun s'imposant les disciplines nécessaires.

Ils conjurent les républicains de comprendre que le régime démocratique serait emporté par l'une ou l'autre des dictatures qui s'affrontent si, dans un magnifique sursaut, le Pays ne revenait pas à ses traditions et ne retrouvait pas ses vertus ancestrales.[7]

Des conflits de générations ?

Il ne faut pas sous-estimer l'influence politique de telles positions. Les combattants qui croient à l'existence d'une collectivité nationale supérieure aux intérêts des divers groupes sociaux jouent, en cette circonstance, un rôle modérateur important. La France du Front populaire, ce sont aussi, à côté des ouvriers et des patrons aux prises, ces millions de citoyens qui refusent toute division irrémédiable.

Parfois, il est vrai, les combattants admettent que la société est divisée. Mais les véritables divisions ne sont pas pour eux d'ordre économique ou social : elles sont naturelles. C'est l'opposition des vieilles générations, de la génération du feu — ils disent, identiquement, les hommes de la guerre ou les combattants — et de la génération qui monte — les jeunes. Le conflit de générations se substitue alors aux conflits sociaux et permet aux combattants d'accepter que le corps social soit divisé, tout en refusant de reconnaître que ces divisions soient sociales.

Voici par exemple Pichot devant la décomposition du Cartel des gauches. Il intitule son article « C'est une génération qui finit ».

Ce n'est pas une banale crise ministérielle, pas non plus une crise politique. C'est une crise sociale. Il n'y a pas de doute, c'est une génération qui finit. Elle s'effondre, se désagrège ; elle agonise, elle se liquéfie… elle se décompose, déjà.

Incapable de préparer le pays pour une guerre qu'elle ne voyait pas venir, elle n'est pas moins incapable de le restaurer au lendemain de la victoire. Car c'est à ces gens-là que nous avons remis la victoire entre les mains.

Ces gens-là, est-ce que vous ne les reconnaissez pas ? Ce sont ces mêmes grands hommes qui vous ont envoyés là-haut en capote bleue et pantalon rouge, sans mitrailleuses et sans canons lourds ! Ce sont ces stratèges de cabinet qui avaient inventé de vous claquemurer trois ans dans les casernes, au lieu de vous armer contre l'ennemi ! Et vous apercevez dans leurs cohortes débandées quelques-uns de ces glorieux panachards qui vous lançaient à l'assaut, baïonnette au vent, à quinze cents mètres !

Voilà les gens dont la suffisance crâne encore à la minute même où le crédit public chancelle, où la France glisse vers la misère ! [...]

Le monde a tourné ; ils ne s'en doutent pas ! De toutes parts éclatent des idées nouvelles ; ils les nient ! Des aspirations surgissent du fond des masses populaires et travailleuses ; ils n'en ont cure : ils sont là, cela suffit ! [...]

Les jeunes qui ont pu se faufiler parmi eux, comme ils les encerclent, les ligotent, les entravent. « Jeunes gens, trop pressés », disent-ils ; mais en 14, en 15, en 16, en 17, en 18, ils ne les trouvaient ni trop jeunes, ni trop pressés. Comme ils s'écartaient pour les laisser passer !

Alors silence aux parloteurs, aux saliveurs. Le peuple de France est capable de courage. Qu'est-ce que l'argent au prix du sang ? Qu'on nous donne des chefs dignes de ce nom et dignes de nous !

Pas de prétendu sauveur ! Il n'y avait pas de sauveur à la Marne, ni à Verdun. Il y avait le soldat.

Aujourd'hui, il y a le citoyen. C'est le même homme. Marchez droit, ou prenez garde !...[8]

Ce texte véhément, dont on aura noté le tour rhétorique et le vague, eut un certain retentissement[9]. Cela vient de ce qu'il exprimait une opinion assez générale parmi les combattants, même si ce n'est pas celle que retiennent les historiens. En des termes plus modérés, Marcel Lehmann nous le confirme :

[...] dans la mêlée sociale [...] au milieu de laquelle nous sommes entraînés, que nous le voulions ou non, *ce qui s'oppose actuellement* ce sont beaucoup moins des formules et des systèmes politiques ou philosophiques que TROIS GÉNÉRATIONS : la génération d'avant guerre, « qui n'a rien oublié ni rien appris », et qui, détentrice de tous les pouvoirs sociaux, se cramponne désespérément, la génération de la guerre, qui a subi seule toutes les conséquences des fautes de la précédente, mais est riche d'une expérience acquise dans les souffrances et la douleur ; la génération d'après guerre, encore trop jeune pour avoir l'expérience, mais avide de jouissances et de plaisirs et qui déjà se rue pour conquérir tout ce qui donne la force et le pouvoir.

Notre génération est écrasée dans un étau, prise entre les aînés qui ne veulent rien céder — et dont les temps sont pourtant révolus — et les cadets, qui veulent nous passer sur le corps.

Les laisserons-nous faire, sans avoir eu notre tour ?

C'est là le véritable problème politique et social de l'heure présente.[10]

Par la suite, le thème des trois générations reparaît épisodiquement, de façon un peu nostalgique :

La génération des Combattants, prise entre le mur des anciens attachés à leur banc de commandement et la vague montante des jeunes, court, semble-t-il, le danger de disparaître sans marquer son passage dans l'histoire d'après guerre.[11]

Ou encore :

La génération du feu n'aura été qu'une génération de transition, qui, modestement, aura fait le point entre les vieux, qu'elle aura vingt ans portés sur ses épaules, et les jeunes qui, demain, je veux dire tout de suite, vont saisir les rênes de l'État.[12]

Ces textes, on le voit, interprètent un malaise politique comme l'expression, non de divisions sociales, mais de rivalités de classes d'âge. L'explication peut surprendre. Dans le discours combattant, cette analyse ne se signale pas cependant comme une interprétation un peu aventurée, à côté d'autres généralement et banalement reçues. Son originalité est bien différente : elle prend au sérieux les problèmes politiques, elle suppose qu'il faut les expliquer. Le plus souvent, au contraire, la politique est pour les combattants l'univers des divisions artificielles. Elle ne demande pas à être comprise ni expliquée, mais combattue, et d'abord repoussée au-dehors.

LA POLITIQUE-QUI-DIVISE

On ne peut pas ne pas être frappé par la violence de l'antiparlementarisme combattant. Il fait partie des signes de reconnaissance propres à ce milieu particulier, à tel titre qu'on voit même un député le reprendre à son compte, comme s'il avait besoin de ce mot de passe pour obtenir l'audience d'un banquet de combattants. La scène se passe à la fin du congrès de l'UNC des Ardennes ; un obscur député se lève et commence son toast :

Un moment, je me suis cru à la Chambre des Députés (applaudissements). Moi qui étais venu ici pour changer un peu d'atmosphère, moi qui étais venu ici pour me retremper parmi l'esprit de camaraderie, j'ai été un peu inquiet.[13]

Même des esprits parfaitement conscients de tout ce que l'antiparlementarisme a de sommaire et de faux, voire de dangereux, n'hésitent pas à le reprendre à leur compte. Voici Henri Pichot, un homme de gauche bien vu des parlementaires pourtant — Chautemps lui proposera un siège de député en 1935. Dans le même texte, il stigmatise les politiciens et il dénonce la facilité avec laquelle on les stigmatise :

Affligés de partis au rabais, nous le sommes aussi de politiciens. Le politicien est un animal triste et la crainte le ronge. Il est sans cesse en sentinelle, comme s'il était sous le coup d'une éternelle menace. Il se voit partout des envieux et des ennemis. Tout lui est suspect. Il rapporte tout à soi, et à son intérêt. Le mouvement combattant, ne serait-ce pas une fabrique de remplaçants ?

Je ne jetterai pas la pierre au seul politicien. Notre vie publique est contaminée par trop d'idées fausses pour qu'il n'en soit pas victime, bien qu'il préfère s'accommoder du mal plutôt que de le combattre. Dans ce pays, le pouvoir qui n'est que charges et soucis, et pas même un suffisant gagne-pain, passe pour une source de jouissances et de richesses. Le citoyen français se représente son élu comme un arriviste, un ambitieux attablé devant l'assiette au beurre. Nous médisons sans arrêt de ceux qui nous dirigent, nous avons déshonoré la politique, nous faisons profession de mépriser le gouvernement, mais nous avons créé une atmosphère politique infectée de jalousie. Nous avons réussi ce tour de force de faire du député le pelé, le galeux d'où vient tout le mal et de rendre sa fonction la chose la plus convoitée et la moins digne de considération ! Dès qu'un homme prend part sous quelque forme que ce soit à la vie publique, il se voit accuser de viser un siège au Parlement.[14]

Le diagnostic est d'une belle lucidité, inhabituelle d'ailleurs. Mais pourquoi commencer par traiter le politicien d'« animal triste » ?

« Pas de politique ! »

Le plus souvent, la dénonciation des politiciens ne s'embarrasse pas de telles subtilités. Les combattants savourent les épithètes les plus péjoratives. Ils se délectent d'accumuler les termes les plus fangeux. Ils apprécient en connaisseurs leurs trouvailles respectives. On hésite avant de donner des exemples de ce florilège, tant ils abondent. Voici d'abord quelques variantes sur le thème de la vieillesse et de l'usure des politiciens qui ont beaucoup servi : « vieux routiers parlementaires »[15], « vieux routiers de la politique »[16], « vieux rouliers de la politique »[17] font figure de gentillesses anodines, comme « vieillards ».

« Figurants d'âge avancé… députés hors d'usage ou méfiants… laissés-pour-compte de l'activité »[18] désignent les sénateurs et suffit à les disqualifier. Mais les vieux qui ne prennent pas d'eux-mêmes leur retraite ne perdent rien pour attendre :

Patience, vieux tableaux de cadres vermoulus.[19]

Et que dire d'expressions telles que « les loques de la politique, gâteux pour la plupart »[20], « les prostitués de la politique »[21], « les laissés-pour-compte de la foire politique »[22].

Passe encore si les politiciens n'étaient que vieux ou fatigués. Mais ils sont corrompus, ignobles et dégoûtants. Ce sont

des vieillards, roublards peut-être, mais qui n'ont d'autre but que leur plus ou moins propre renommée de politiciens retors.[23]

La politique est pour eux un métier, et quel métier !

La politique, métier de ceux qui n'en trouvent pas d'autre ! La politique, métier qui consiste à vivre sur le dos du peuple sans aucun souci de la vérité ni du bien public.[24]

D'ailleurs :

Tous ces partis aux subtiles variantes n'ont été créés que par des loustics en mal de présidence, par des parlementaires bien entendu, la plupart pauvres bougres qui ont besoin comme vous ou moi de gagner leur croûte et qui sont devenus politiciens comme on devient barman ou bistrot, affairiste ou banquier, tous métiers sans connaissances spéciales.[25]

On peut alors présenter les hommes politiques comme « les professionnels de la combine »[26], et écrire : « Les politiciens sont retournés à leurs vomissements. »[27]

Au plan du vocabulaire, ce torrent d'invectives charrie quelques créations intéressantes, notamment des formes dérivées de « politique » par suffixation péjorative en -ard ou -aille. On obtient ainsi « politicard », qui rime avec « combinards » et « pillards »[28] et avec « politique de comitards »[29] :

Des politiciens — des politicards plus exactement — se sont depuis des années et des années, pour leur profit personnel, appliqués à dresser les Français les uns contre les autres.[30]

La suffixation en -aille donne « politicaille », « politicailler » et « politicaillon » :

Douter de la politicaille qui l'anémie [*la France*] depuis l'armistice, certes oui !...

Les ailes de notre idéalisme ont été brisées par le vent des discordes intestines. Nous sommes retombés épuisés parmi le fatras, l'incohérence, la fourberie, EN UN MOT, PARMI LA POLITICAILLE.[31]

S'il en est encore [*des camarades*] chez qui l'esprit de luttes partisannes [*sic*] domine encore l'esprit combattant, eh bien je me permettrai de lui dire franchement et froidement : « Allez-vous-en. Vous n'êtes qu'un faux camarade et nous n'avons pas besoin en ce moment de brebis galeuses. Allez assouvir votre hantise politicaille, vous graviterez autour de nos célèbres politiciens dont beaucoup, trop malheureusement, qui se disent les dignes représentants du peuple et qui ne sont que de vulgaires fripouilles asservies aux puissances d'argent ont volé l'épargne publique. »[32]

Ou encore :

D'obscurs politicaillons de canton ou d'arrondissement hissés au pouvoir par de louches combinaisons.[33]

On voit le ton. Le thème du coup de balai n'est pas loin. Il constitue l'aboutissement logique de ces imprécations :

Voici que l'heure approche du règlement de comptes pour l'ineffable équipe du Palais-Bourbon. Les temps sont révolus. La République timocratique des affameurs, des fabricants d'obus, des embusqueurs, des satrapes, des périmés et des *camarades* tombe en déliquescence et va mourir. À la pensée que la masse des anciens combattants va pouvoir, enfin, exprimer librement sa volonté, un poids s'enlève brusquement de la poitrine et une grande joie vous étreint le cœur du magistral coup de balai qui se prépare [...]

Et puis qu'importe après tout les mômeries, les flagorneries de la meute déchaînée sur les circonscriptions ! Il est un fait bien ancré dans le cerveau de nos camarades : à quelques exceptions près, nos législateurs se sont révélés, avec une cynique ostentation, incapables de sortir le pays de l'aria où leur veulerie et leur bêtise l'a plongé.[34]

Dans ce contexte — et nous avons pris soin de puiser nos citations exclusivement dans des journaux de l'UF ou de l'UNC, en évitant tout emprunt trop facile à des organes d'extrême droite —, le rejet de la politique devient une consigne impérative. La politique, c'est sale, c'est dégoûtant :

Les combattants sont dégoûtés de la politique, ils n'en veulent plus.[35]

Rien ne nous dégoûte plus que la politique.[36]

Il ne faut donc pas en faire. Le précepte, fréquemment repris, est catégorique : « Pas de politique. »[37]

L'esprit partisan

Le discours combattant oppose donc ainsi, de façon presque mythologique, l'univers du politicien et celui du combattant. D'un côté toutes les vertus, de l'autre, rien que des vices, et les plus répugnants. L'antithèse de l'esprit de parti et de l'esprit combattant est celle, manichéenne, du bien et du mal, du soleil et des ténèbres. Une caricature l'exprime naïvement, qui met en présence un mutilé appuyé sur sa béquille, sobrement vêtu (casquette et veste), et un gros monsieur bedonnant, coiffé d'un melon et habillé d'une redingote. Le dialogue est sans équivoque :

Pour faire la guerre, il ne faut pas les mêmes qualités que pour la politique. — Ah oui ! Pour cette dernière, les défauts sont suffisants.[38]

Pourquoi, cependant, cette condamnation sans appel ? Parce que le propre de la politique est de diviser, et de diviser artificiellement les Français. Là encore, les textes sont innombrables. L'évocation des partis politiques entraîne de façon presque automatique celle de leurs « luttes » et de leurs « querelles » :

L'imbécile bataille des partis.[39]

Les disputes vaines et irritantes de partis et de clans.[40]

Rien d'ailleurs ne montre mieux le caractère néfaste de la politique que les effets que provoquerait son irruption dans le monde combattant : c'est

l'infecte politique qui nous divise, qui nous vaut de voir les gens qui ont fait si vaillamment leur devoir de 1914 à 1918 s'invectiver pour le plus grand bénéfice des profiteurs de notre désunion.[41]

Le thème est constant. On le rencontre naturellement à droite :

Ceux qui tâchent de nous diviser, nous les connaissons : ce sont ceux qui voudraient se servir de nous pour leurs ambitions et leurs haines de parti. Ce sont les politiciens pour qui le retour à la paix n'a été que le retour aux discordes d'avant guerre dont la France a failli périr et qui la tueront certainement si elles recommencent. Ils n'ont rien appris, rien oublié.[42]

Ou encore :

L'Ancien Combattant [...] a pu constater et déplorer amèrement que, même dans nos associations d'AC, l'esprit partisan est encore beaucoup trop virulent, que la sale politique demeure beaucoup trop encore notre plus grand commun diviseur, et que l'esprit combattant, l'esprit national, au-dessus des querelles de partis et des questions de personnes ou de boutiques n'est pas encore, hélas, notre dénominateur commun [...]. Nous ne voulons pas [...] faire le jeu de politiciens sans scrupules qui ont misé sur la division des AC.[43]

Il est plus surprenant, en revanche, de rencontrer ce même thème développé à la gauche du mouvement combattant, et même à l'extrême gauche, dans la communiste ARAC par exemple. Voici un appel de cette association :

L'ARAC dénonce les manœuvres odieuses de ces politiciens roués qui se sont parés du titre d'ancien combattant pour diviser les anciens combattants et fouler aux pieds nos droits sacrés.[44]

Il lui arrive même de refuser le clivage gauche/droite, et d'accuser les politiciens de vouloir

dresser les AC les uns contre les autres, ceux de « gauche » contre ceux de « droite », affaiblissant ainsi leur capacité d'action.[45]

Si puissant est ce thème qu'il donne même parfois naissance à une sorte de récit mythologique des origines :

> Au lendemain de la guerre, tous ceux qui vivent des querelles de partis — ruineuses pour la nation — ont cru que vous alliez les chasser ; ils étaient à vos pieds. Mais vous étiez las de tant de luttes ; vous étiez trop heureux de vous retrouver au foyer où la besogne accumulée absorbait votre activité. Et le politicien a repris espoir : il nous a manœuvrés, multipliant les associations d'AC pour les opposer les unes aux autres et neutraliser leur action.[46]

La même conviction anime l'obscur auteur du rapport moral présenté à l'assemblée générale des Poilus de Sainte-Sigolène (Haute-Loire) en 1931 :

> À la démobilisation, les Poilus étaient considérés comme des demi-dieux, et s'ils avaient voulu, tous les politiciens de bas étage auraient été balayés par eux aux élections.
>
> Après avoir gagné la guerre et sauvé la France, ils auraient assuré la paix et organisé la Nation.
>
> Mais après la longue et terrible secousse morale et physique que la guerre leur avait imposé [*sic*] un temps de repos était nécessaire aux combattants.

Ce temps de repos a été mis à profit par les politiciens. « Diviser pour régner » a été leur devise. Eux-mêmes, dans certains cas, ont formé des Sociétés de Poilus, mais pour les opposer à d'autres.

Conséquence : poussière de Sociétés, désunion, opposition d'intérêts, impuissance et même déconsidération.[47]

Tel est, dans ses grandes lignes, le discours stéréotypé des combattants sur la politique. Sa rhétorique et son allure moralisatrice ne l'émoussent pas totalement : par-delà l'évocation de l'esprit combattant comme réincarnation de toutes les vertus civiques traditionnelles et la condamnation antithétique de l'esprit de parti qui anime les politiciens, il refuse avec obstination de considérer la société comme fondamentalement divisée. Les divisions n'ont aucune consistance : ou bien elles s'expliquent par des conflits de générations dont il faut s'accommoder comme d'un fait de nature, ou bien elles proviennent de la politique partisane et sont totalement artificielles.

SIGNIFICATION DES STÉRÉOTYPES COMBATTANTS

Cette insistance à nier les conflits sociaux et à dénoncer dans la politique la seule cause des divisions entre Français est trop générale, trop constante, pour ne pas retenir l'attention. Elle s'explique, semble-t-il, par trois considérations.

La première ne demande pas de longs éclaircissements. Elle se borne à noter que ce discours combattant n'est point complètement erroné, mais plutôt déséquilibré. Il est faux moins par ce qu'il dit que par ce qu'il tait. L'accent y est mis trop unilatéralement sur ce que les Français ont en commun, tandis que leurs divisions sont effacées. Mais il n'est pas faux que les Français aient effectivement bien des choses en commun : une langue, une culture, une histoire, des intérêts. Il est difficile, entre deux guerres mondiales, de considérer comme artificielles ou secondaires les collectivités nationales. Que les combattants, étant donné l'expérience qui fonde leurs groupements, aient été particulièrement sensibles aux solidarités s'explique aisément. Qu'en revanche ils soient aveugles aux conflits sociaux est surprenant : pourquoi refuser une telle évidence ?

Une marginalité sociale

C'est ici, sans doute, qu'il faut prendre en considération l'insertion sociale du mouvement combattant. Car enfin, il n'est point l'image exacte de la nation. Dans cette organisation de masse, si les ouvriers sont présents, ils sont sous-représentés, alors qu'au contraire agriculteurs, employés et commerçants sont sur-représentés. Ce mouvement est encadré par la petite et moyenne bourgeoisie de province. Il recrute ses responsables parmi les instituteurs et professeurs, les petits fonctionnaires et cadres moyens, les commerçants, les voyageurs de commerce, ainsi que parmi les avocats et les médecins. Peu d'industriels parmi eux, peu de cadres supérieurs du secteur privé, peu de grosses fortunes. Très peu de ces notables provinciaux solidement enracinés dans l'ancienne bourgeoisie des propriétaires fonciers. Populaire, mais non prolétarien dans son recrutement, le mouvement combattant est dirigé par les classes moyennes. Ce qui domine, parmi ses responsables, ce sont les sous-officiers de réserve, anciens élèves des écoles primaires supérieures, parvenus par leur travail et leur mérite à une honnête aisance et à une position honorable, mais sans les relations des bonnes familles. Ce sont des demi-notables, ni assez riches, ni assez instruits, ni assez connus, ni assez influents pour partager le pouvoir avec les vrais notables. Les hommes en place les écartent quand ils n'ont pas besoin d'eux. La grande presse, aux mains des hommes d'affaires, s'intéresse à eux dans la mesure où elle croit pouvoir les utiliser. Dans le système social, les combattants sont donc des marginaux. Ils n'accèdent pas au pouvoir, même par la voie indirecte du groupe de pression qui est la leur.

Marginaux, et ressentant vivement leur marginalité, les dirigeants combattants ne peuvent, à la différence des ouvriers, assumer leur situation comme un rapport d'exploitation et de domination qu'ils pourraient retourner par l'action révolutionnaire, ou contester ouvertement, comme dans la grève. Le prolétariat a moins d'accès au pouvoir encore que les classes moyennes, mais il prend appui sur sa propre exclusion pour tenter de renverser la situation qui lui est faite. Se reconnaissant exclu, il vise à conquérir le pouvoir pour exclure à son tour ceux qui présentement l'asservissent.

Les classes moyennes sont trop engagées dans un processus d'ascension sociale et de conquête de la notabilité pour camper fièrement en dehors de la société, telle qu'elle est, s'en dire exclues, et entreprendre de la dominer. Elles n'ont d'autre issue que de nier en théorie, au plan des principes, l'exclusion dont elles sont victimes, et pour cela, d'affirmer très haut les valeurs universelles de la démocratie et de l'unité nationale. Insister sur l'union de tous les Français, c'est, pour des gens qui se sentent exclus du pouvoir, une façon de revendiquer leur intégration et leur participation à ce pouvoir. En retournant contre les catégories dirigeantes les principes démocratiques officiellement proclamés, les combattants cherchent à jouer un rôle qui leur est refusé. Si l'on prenait au sérieux, en effet, l'idéal démocratique de l'intérêt général, les classes moyennes, de par leur situation intermédiaire, deviendraient les arbitres des intérêts affrontés. Elles ont d'autre part l'avantage du nombre, et l'idéologie de l'intérêt général prise au sérieux obligerait à tenir le plus grand compte de leurs avis.

Au demeurant, il est parfaitement logique que les classes moyennes refusent d'analyser la société comme un ensemble hiérarchisé et conflictuel de groupes ou de classes. Elles sont d'abord beaucoup trop hétérogènes. De multiples contradictions les divisent : cultivateurs et consommateurs ont des intérêts totalement divergents en matière de prix agricoles. Le secteur public et la sécurité qu'il offre s'oppose au secteur privé : il y a là deux façons de tenter une promotion sociale, par le diplôme du fonctionnaire ou par l'initiative et le risque de l'artisan ou du commerçant. En second lieu, les classes moyennes ne peuvent trouver de place où se reconnaître, dans le grand conflit des ouvriers et de la bourgeoisie. Elles ne sont solidaires ni de celle-ci, ni de ceux-là, et ne peuvent vraiment choisir un camp sans se renier. Leurs membres sont attirés vers le haut, et leur désir de promotion individuelle est aspiration à la bourgeoisie. Mais ils mesurent tout ce qui les en sépare, et ils sont sensibles à la fermeture de la bourgeoisie sur elle-même, à sa clôture, qu'ils interprètent en termes moraux, comme un égoïsme, et non comme une réaction naturelle de préservation des privilèges. Ils ne peuvent donc s'allier tout à fait à ce milieu qui ne les admet pas. Ils sont en outre trop proches encore des milieux populaires pour répudier leurs origines, et cependant ils s'en éloignent. Il leur est donc particulièrement difficile de trouver une place précise, dans une société dominée par le conflit de la classe ouvrière et de la bourgeoisie.

Pour surmonter cette difficulté et fuir un choix éprouvant, les classes moyennes ont naturellement tendance à récuser l'idée même de classe sociale. Cela leur permet tout à la fois de préserver leur supériorité relative et de masquer leur infériorité qui persiste, quoique atténuée. Il est donc logique qu'il n'y ait pas d'organisation des classes moyennes en tant que telles, mais qu'elles se donnent des organisations civiques, apparemment indifférentes aux clivages sociaux, qui leur permettent en fait de s'exprimer et de peser sur les décisions : les associations de combattants, celles de contribuables ou de consommateurs peuvent parfaitement jouer ce rôle. Le refus d'une organisation de classe est le plus sûr moyen de conjurer la représentation d'une société divisée en classes. Mais comme le besoin d'une organisation demeure, l'organisation des classes moyennes prend l'apparence d'une organisation purement civique. On comprend mieux alors le lien entre la thématique du mouvement combattant et les appartenances sociales de ses porte-parole. Par le truchement de l'esprit combattant et de l'intérêt général — qui ne sont pas de purs prétextes, nous l'avons dit — ce sont bien des comptables, des percepteurs, des instituteurs, des voyageurs de commerce, des commerçants, des employés de banque, des cultivateurs qui s'expriment.

Une marginalité politique

Cette analyse sociale ne suffit pas. Elle rend compte de la thématique morale et de l'appel aux grands principes, comme de la cécité aux conflits sociaux ou des appels à l'union quand il n'est plus possible de s'aveugler, comme au temps du Front populaire. Elle n'explique pas la véhémence de l'antiparlementarisme.

À ce stade de la réflexion, il faut remarquer la marginalité du mouvement combattant dans le système politique. Nous n'avons pu, dans ce petit livre, exposer en détail toutes leurs conceptions, ni suivre leur activité de groupe de pression désintéressé. En matière de relations internationales, de politique de santé, etc., ils ont des dossiers solides. Or jamais ils n'ont réussi à infléchir les décisions politiques. Efficace quand elle poursuit une revendication matérielle, la pression des combattants n'a pas d'impact quand elle s'assigne un objectif d'intérêt général. Tout se passe comme si les milieux dirigeants, mais aussi, plus largement, l'opinion publique, les cantonnait dans leurs revendications matérielles pour les écarter plus sûrement des préoccupations générales. Quand ils réclament de l'argent, on leur en donne, mais c'est un peu pour les faire taire, et se donner le droit de les ignorer s'ils se mêlent des dettes interalliées, de l'organisation de la SDN ou de la réforme de l'État. L'ignorance est complète, en tout cas, dans les milieux dirigeants, quant à l'action générale ou civique des combattants. Le seul article que consacre la grave et sérieuse *Revue politique et parlementaire* aux combattants est un tissu de sottises[48], et jamais nous n'avons trouvé un homme politique, partisan de la réforme de l'État, qui cite les travaux consacrés à ce sujet par les diverses associations de combattants, lors même qu'il aurait pu revendiquer leur appui.

Cette surdité des professionnels envers les amateurs est d'autant plus intolérable que les professionnels multiplient les preuves de leur incapacité. Les combattants comptent dans leurs rangs des leaders fort compétents, qui ont fait leurs preuves de gestionnaires en fondant et en développant les associations et leurs œuvres sociales. Ces succès devraient bien leur valoir quelque audience. Or le système politique leur dénie en fait tout droit à la parole, alors même qu'il sombre dans l'impuissance. Certes, les hommes politiques multiplient les concessions verbales, qui fournissent de bonnes péroraisons aux discours de banquets. Mais dans la pratique, ils leur refusent tout accès au pouvoir. Les combattants parlent dans le désert, Cassandres dont la prévoyance ne dissuade pas les hommes politiques de précipiter la perte du pays.

Une insatisfaction républicaine

Force est bien de constater, en effet, que le régime parlementaire ne fonctionne pas parfaitement en France à cette époque. Avant d'imputer l'antiparlementarisme virulent des combattants à quelque nostalgie autoritaire ou réactionnaire, il faut bien admettre qu'il n'est pas dénué de tout fondement. L'effondrement de la Troisième République en 1940, celui de la Quatrième en 1958 sont trop conformes aux prophéties de malheur que tenaient les combattants pour qu'on puisse leur reprocher sommairement leur antiparlementarisme. N'avaient-ils pas raison ?

Il est très remarquable en effet que l'antiparlementarisme combattant ne se limite pas à la droitière UNC, mais qu'il gagne aussi bien les instituteurs républicains de l'UF, ou les radicaux de la FNCR.

La critique de Pichot, par exemple, quand elle rompt avec les lieux communs rhétoriques, ne manque pas de vigueur. Au lendemain du 6 Février, dans un rapport qui fit sensation, il réclame la restauration de l'autorité gouvernementale :

Il faut *recréer l'instrument politique du pouvoir*. Toute réforme de la vie française est liée à la reconstitution préalable de *l'instrument politique* que constitue un gouvernement véritable.

C'est en vain que tant de programmes s'affrontent à l'heure actuelle dans les réunions politiques, dans la presse, dans les revues, dans les conversations. Aucun parti ne peut espérer réaliser son programme puisque l'*instrument politique* de réalisation n'existe plus.

Les compétitions actuelles n'ont pas de sens aussi longtemps que le pouvoir n'est pas restauré. Une dissolution actuelle de la Chambre n'apporterait rien. Les partis lutteraient dans la bataille électorale pour la possession d'une ombre de pouvoir, d'une ombre de gouvernement.[49]

Ce sentiment d'un État qui s'abandonne, cette irritation devant l'instabilité ministérielle, on les retrouve à chaque numéro du *Poilu républicain*, l'organe de la FNCR. On se souvient de cette association fondée par un franc-maçon notoire à la veille des élections de 1924 pour combattre l'influence de l'UNC. Les responsables de la FNCR appartiennent aux milieux radicaux et socialistes. Or l'évolution du régime les inquiète.

N'est-il pas navrant de constater que les hommes qui dirigent les destinées d'un pays n'appliquent plus, lorsqu'ils sont au pouvoir, les programmes élaborés au sein de leurs partis respectifs ? Le jeu des majorités gouvernementales les oblige à faire des concessions telles aux partis constituant leur majorité ou leur soutien, que ceux-ci annihilent toute initiative hardie et toute collaboration sincère.

Ajoutons les appétits sans cesse accrus de ceux qui veulent aussi goûter au pouvoir et nous comprenons mieux comment les gouvernements passent ou se succèdent sans qu'une amélioration sensible soit apportée aux crises que nous subissons, au grand désarroi du bon sens populaire [...]

De là à accuser le régime d'être pourri et vicié de la base au sommet, il n'y a qu'un pas. Aussi toutes les associations, tous les partis qui ont intérêt à vilipender le régime républicain l'ont vite franchi et voilà pourquoi nous voyons aujourd'hui toutes ces attaques contre le parlementarisme, contre l'impuissance de l'État, contre le régime.

Cette vague de pessimisme doit-elle décourager tous ceux qui, fermement attachés aux principes et aux institutions de cette République, désirent la voir plus solide, plus juste et plus humaine ?

Si notre conscience et notre raison nous obligent à condamner ces politiques partisanes qui sacrifient l'intérêt général et l'avenir du pays à la satisfaction d'intérêts particuliers et égoïstes, nous devons cependant puiser en nous-mêmes la force et l'énergie suffisante pour imposer à notre pays un pouvoir fort, sans faiblesse, gardien vigilant des lois et des institutions fondamentales de la IIIe République [...]

La réforme de la Constitution devient une nécessité si nous voulons réaliser l'harmonie de toutes les forces vives de la nation. Si elle n'apparaît pas aux yeux de certains partis politiques comme nécessaire, elle ne peut cependant être envisagée que lorsqu'une majorité républicaine est au Parlement. Atermoyer devant les difficultés qui peuvent attendre les partisans de cette réforme est peut-être plus dangereux, car nous ne savons pas ce que nous réserve demain.

Il appartient aux anciens combattants de la FNCR de montrer que leur attachement à la République est fonction de l'organisation de l'État...[50]

Ces lignes ont été écrites avant le 6 Février, dont on devine qu'il allait renforcer le mouvement en faveur de la réforme des institutions. Il n'est, pour en trouver la confirmation, que de lire le premier éditorial de Fonteny, le président-fondateur de la FNCR, au lendemain de cette journée :

L'opinion publique est émue. Demain, elle sera angoissée. Pourtant, rien n'est fait pour apporter des remèdes. Bien plus, rien ne peut être fait avec le fonctionnement actuel de nos institutions.

Des hommes d'État sont allés en Russie et ont vanté les résultats obtenus par le plan quinquennal.

Des parlementaires ont visité l'Italie et ont été étonnés de la transformation de ce pays depuis l'avènement du fascisme. Mais Mussolini gouverne l'Italie depuis dix ans, et il y a plus de quinze ans que le régime soviétique a été instauré en Russie.

En France, depuis la guerre, nous avons eu 27 ministères dont certains ont duré deux ans, au plus, et d'autres quatre jours.

Comment un gouvernement peut-il envisager des réformes de longue haleine puisqu'il n'est pas sûr d'être encore au pouvoir la semaine suivante.

Le budget de 1933 n'a-t-il pas été successivement déposé par les ministères Herriot, Paul-Boncour et Daladier, et celui de 1934 par les gouvernements Daladier, Sarraut ou Doumergue ?

Dans ses Mémoires, le général André [*notons la référence !*] écrit : « Le Gouvernement passe les trois quarts de son temps à défendre son existence, il ne lui en reste qu'un quart pour s'occuper des affaires du pays. » […]

La perpétuation de cet état de choses met le régime en péril.

Il faut apporter des modifications de toute urgence. Comment ? Dans le cadre de nos institutions. Par quels moyens ?

La question est posée devant la FNCR, c'est à elle d'y répondre, mais déjà notre XIe congrès national a décidé de poursuivre l'étude de la réforme de la Constitution par le renforcement de l'autorité et du contrôle populaires, l'instauration de la responsabilité effective des gouvernements, la représentation économique et sociale, la réforme administrative et judiciaire, l'adaptation des méthodes de travail parlementaire.

Voilà l'œuvre indispensable à laquelle, dès maintenant, tous les républicains doivent s'attacher.[51]

Le vif sentiment d'insatisfaction envers le fonctionnement des institutions parlementaires n'est pas, on le voit, l'apanage de la droite mal et tardivement ralliée à la République. Les héritiers de la tradition radicale et socialiste le partagent. Ce n'est pas, d'autre part, un réflexe purement négatif, d'hostilité : il conduit, par-delà les lieux communs oratoires de fin de congrès ou d'éditorial, à une réflexion à la fois sérieuse et modérée. L'ensemble des projets de réforme de l'État élaborés par les associations de combattants, l'UF, l'UNC ou la FNCR, apportait en effet une réponse raisonnable aux vices de fonctionnement du régime. Nous y reviendrons rapidement dans notre conclusion. On est très loin des solutions autoritaires d'inspiration fasciste ou hitlérienne. L'antiparlementarisme stéréotypé des combattants n'alimente pas l'éloge du coup d'État, ni de la dictature, mais un projet de république moderne. Nous ne saurions mieux conclure sur ce point qu'en laissant la parole à l'un des grands leaders du mouvement combattant, un ancien président de l'UF, un infatigable militant de tout l'entre-deux-guerres, René Cassin, qui nous écrivait dans une sorte de bilan, après avoir souligné tout l'apport positif des associations de combattants :

Le vrai échec… a consisté à ce que la IIIe République, affaiblie par les immenses pertes subies en 14-18 et par les sacrifices demandés à chacun, n'a pas été politiquement et socialement réformée avant les heures difficiles de la vie internationale.

Conclusion

PRÉFACE À VICHY ET À LA QUATRIÈME RÉPUBLIQUE

Si le mouvement combattant prend racine dans le passé douloureux et vivace de la guerre, s'il y puise son antimilitarisme et son pacifisme lourd de conséquences, son discours politique et moral stéréotypé laisse en revanche deviner les évolutions ultérieures.

Le mouvement combattant n'annonce pas quelque fascisme français. Au contraire, en organisant les classes moyennes dans le respect de la morale et de la légalité républicaines, il a constitué un puissant obstacle au développement d'un véritable fascisme dans la France des années 1930. Répugnant à désigner des adversaires politiques, et plus encore à les éliminer par la violence, il refusait le style d'action des ligues pour se cantonner dans une magistrature morale sans influence directe sur la vie politique. C'était tout le contraire d'une organisation conçue pour la prise du pouvoir.

En revanche, que le pouvoir soit pris, comme par miracle, dans le respect de la légalité, sans violence et sans division des Français ; que ce pouvoir se donne pour mission de faire régner la morale dans la vie publique ; qu'il prêche le sacrifice des intérêts particuliers à l'intérêt général, les disciplines nécessaires et les vertus traditionnelles : à coup sûr, il répondra aux vœux des combattants et ceux-ci le soutiendront.

L'HORIZON VICHYSSOIS

C'est précisément ce qui advient avec Vichy, d'autant que le détenteur de ce pouvoir à la fois moralisateur et fort était l'incarnation même de l'esprit combattant, celui de Verdun et de la victoire. Les combattants n'auraient pas aidé un factieux à conquérir l'État. Pétain une fois en place avec l'accord du Parlement et le soutien unanime de la population, son régime et son discours répondent à l'attente des combattants. Il peut destituer des maires élus et emprisonner des hommes politiques : ce sont des mesures individuelles prises dans les formes légales, et les combattants n'ont cessé de réclamer que justice soit faite contre les individus malhonnêtes ou incapables.

Cela va plus loin. Pétain ne se contente pas de reprendre la thématique morale du discours combattant. Il épouse les mêmes causes. Voilà un régime qui, enfin, ne s'occupe plus de politique mais s'intéresse aux vrais problèmes — ou du moins à ceux que les combattants considèrent comme tels : la santé, l'hygiène, la natalité. Il prône le rassemblement des Français et refuse les considérations de classes sociales, il parle de professions, là où d'autres voyaient des ouvriers et des patrons aux prises. Si certains combattants hésitent à se reconnaître dans un gouvernement qui donne aux juifs, et même à ceux qui ont fait la guerre, un statut d'exclusion, qui supprime toute consultation populaire et prend des formes de plus en plus militaires, la plupart, au contraire, sont comblés, ou du moins satisfaits. L'horizon du discours combattant, ce n'est ni Hitler, ni Mussolini, c'est Pétain.

Voici, pour illustrer cette convergence, un texte majeur : le manifeste adopté solennellement par l'UNC lors du meeting de la salle Wagram, en octobre 1933. Je le cite *in extenso*, car en même temps qu'il annonce le discours pétainiste, il reprend comme par hasard la plupart des thèmes que nous avons analysés. Nous les noterons d'ailleurs au passage, par des remarques entre crochets.

Devant le déséquilibre mondial et les difficultés qui s'accumulent, il est temps de vouloir et d'agir.

L'UNION NATIONALE DES COMBATTANTS, fidèle aux décisions de ses congrès, a le devoir de dénoncer les causes du mal et d'en rechercher les remèdes.

Se plaçant au-dessus de la politique des partis, dans le cadre strict du Salut Public, elle se croit tenue de définir l'esprit, l'atmosphère morale et les grandes lignes du mouvement de REDRESSEMENT, de RÉNOVATION qui s'impose.

Constatations

La crise des affaires persiste, le chômage frappe trop de travailleurs de toute condition.

Par suite du déséquilibre mondial entre la Production et la Consommation, les hommes privés de travail tombent dans la misère et sont entraînés vers la révolution et la guerre.

Par l'habitude des gains faciles, née de la guerre, par les entorses aux contrats, par la crise monétaire et la spéculation, par les excès du crédit, les principes de travail, d'épargne et de probité ont été profondément atteints. [*On note l'explication morale de la crise économique*.]

L'écart excessif entre les prix à la Production et les prix à la Consommation touche durement producteur et consommateur.

L'honnêteté et la confiance disparaissent des rapports sociaux, l'égoïsme et le matérialisme triomphent.

La jeunesse, plus encore que nous, s'inquiète de l'avenir.

En supprimant les groupements d'intérêts sous la forme des corporations, la révolution de 1789 avait laissé face à face l'État et l'Individu. [*Noter cette thèse de droite*.]

Les temps modernes ont vu proclamer à nouveau le droit pour les citoyens de s'unir pour la défense de leurs intérêts. Les institutions n'ont pas encore été adaptées à cette transformation. Syndicats et associations professionnelles s'affrontent, font échec à l'État qui n'a pas l'autorité nécessaire pour les départager et les dominer.

L'action des partis et la démagogie aggravent ces conflits. C'est l'anarchie.

Les anciennes formules ont fait faillite.

Devant la convergence possible des risques intérieurs et extérieurs, l'anxiété croît, le doute s'empare des dirigeants eux-mêmes.

Si l'évolution nécessaire ne se fait pas par des réformes adéquates, la révolution les imposera brutalement.

Directives pour l'action

L'heure n'est plus aux expédients, aux solutions parcellaires. Il faut avoir le courage de voir grand et de préparer un ordre nouveau.

La cause profonde du mal est dans les esprits. La réforme primordiale est celle de l'esprit public.

Il faut :

Servir au lieu de se servir. Remplir ses devoirs avant de réclamer ses droits. Placer les valeurs morales et spirituelles au-dessus des valeurs matérielles. Réagir contre l'improbité, la démoralisation et l'égoïsme. Combattre le sectarisme sous toutes ses formes et d'où qu'il vienne. Retrouver le sens du foyer familial. Restaurer la dignité humaine.

Avoir le courage d'exiger la suppression rapide des abus, des sinécures, des cumuls.

Frapper sans pitié la corruption, partout où elle se trouve, et si haut placés que soient les coupables. [*Noter le moralisme de tout ce paragraphe, avant deux mots d'ordre typiques de la droite catholique :*]

Rétablir l'ordre social sur ses deux bases naturelles : la Famille et la Profession.

L'État a été poussé à s'occuper de tout et ceux-là même qui ont réclamé son intervention sont ensuite contraints de se libérer de son emprise.

La notion de l'État-providence tend à se substituer à l'effort individuel.

Il faut :

Restaurer l'autorité, la pourvoir d'une stabilité suffisante, la libérer de l'intolérable tyrannie des partis et des groupements, des appétits et des forces d'argent.

Assurer une stricte séparation des pouvoirs, l'indépendance de la magistrature.

Entreprendre le redressement financier. Rechercher l'équilibre budgétaire dans la suppression chirurgicale immédiate de toutes les dépenses inutiles et la répression énergique des fraudes et du gaspillage.

Éviter les impôts excessifs et l'inflation génératrice de misère et de ruine.

Simplifier la comptabilité publique et supprimer la paperasserie administrative inutile et coûteuse.

Préparer la refonte administrative qui, en réduisant les charges de l'État, permettra une réforme fiscale.

Ainsi sera assurée, avec des taux moins élevés, une rentrée plus substantielle des impôts, ce qui permettra d'aboutir effectivement à une réduction du coût de la vie. [*On est frappé par la volonté de limiter et de cantonner l'État, qui inspire ce long développement. C'est bien l'idéologie des classes moyennes du secteur privé. Et l'on est loin de l'exaltation de l'État tout-puissant, caractéristique des fascismes.*]

Comment enfin entrevoir la RÉNOVATION, sinon sur les bases suivantes :

DANS L'ORDRE SOCIAL :

L'Homme, respecté dans sa personnalité, qui doit se développer harmonieusement dans les domaines spirituel, moral et physique ;

Pénétré du sens familial et du sens social ;

Préservé dans sa santé physique et morale,

dans sa race ; protégé dans son foyer, sa profession, ses loisirs ;

Encouragé au travail, à l'épargne, à l'accession à la propriété.

Les rapports sociaux fondés sur la bonne foi, la justice, la FRATERNITÉ.

Les activités sociales de tous ordres, même de l'esprit, organisées en associations, celles d'ordre professionnel en syndicats ; groupées les unes et les autres par catégorie, et ensemble, régionalement et nationalement, en vue de mieux déterminer leurs besoins et de les harmoniser, d'arriver à un meilleur rendement, à leur profit et au profit du bien commun. Par leur intégration dans la vie de l'État, celui-ci, en même temps que politique, deviendra État SOCIAL.

DANS L'ORDRE ÉCONOMIQUE :

Un Régime à l'abri des excès capitalistes, des illusions démagogiques, de la tyrannie étatiste.

Le TRAVAIL, manuel ou intellectuel, honoré — celui de la terre en premier —, protégé, justement réparti pour éviter le plus possible le chômage et les allocations démoralisantes ; ses conditions progressivement améliorées, laissant la mère à son foyer.

L'Épargne encouragée, protégée ; la spéculation découragée et largement taxée ; la concentration exagérée de capitaux ou de crédit, nationale ou internationale, évitée.

La paresse, la thésaurisation, l'usage égoïste et bête de l'argent flétris.

Le CAPITAL obligé de subordonner la notion de profit qui l'anime à celle de fonction sociale à remplir ; consacré au service des activités économiques et sociales ; libéré du poids excessif de certaines des charges et des risques qu'il supporte aujourd'hui ; laissant dans les résultats de la production une part plus large au Travail et à ses institutions de prévoyance.

La condition moyenne de la masse ainsi rendue meilleure, le Travail et le Capital plus étroitement solidaires.

La Production au service du bien commun, dans une liberté ordonnée, orientée vers la qualité, protégée contre les risques excessifs par le développement même de l'organisation syndicale ; grevée de moins d'impôts, arrivant à des prix réduits pour le consommateur et pour l'exportation aux Colonies et à l'Étranger.

La Distribution des produits ordonnée elle aussi dans le cadre professionnel, avec les seuls intermédiaires vraiment utiles.

L'État n'intervenant qu'en dernier ressort pour arbitrer les conflits persistants.

Pour assurer la PAIX FRANÇAISE, il faut :

Resserrer l'UNITÉ FRANÇAISE, métropolitaine et coloniale.

Réprimer sévèrement les menées antinationales.

En politique extérieure, allier le souci de la solidarité internationale à celui de la SÉCURITÉ. Rechercher sincèrement l'accord avec les autres pays, quel que soit leur régime intérieur. En face des menaces multiples de l'extérieur, rester forts et vigilants.

Appel au Pays

Les DEVOIRS connus et respectés en vue du Bien Commun ;

L'INFLATION écartée et les finances assainies ;

L'UNITÉ FRANÇAISE resserrée ;

La SÉCURITÉ du Pays garantie ;

L'ENTENTE INTERNATIONALE recherchée ;

La COLLABORATION FRATERNELLE entre Français, métropolitains et coloniaux ;

Le TRAVAIL ASSURÉ à chacun ;

L'ÉTAT SOCIAL édifié enfin.

VOILÀ CE QUE NOUS VOULONS !

VOILÀ ce que nos convictions, notre expérience de la vie et de la guerre nous permettent de fixer comme bases à l'Ordre nouveau.

COMBATTANTS, conscients de la force que représentent 865 000 camarades unis comme au front dans les rangs de l'UNC,

JEUNESSE ardente, qui avez devant vous la vie et la force,

ÉLITES soucieuses de l'avenir,

FRANÇAIS de toutes conditions, mais de volonté forte [*noter le rassemblement dans la vertu*],

Joignez-vous à notre effort.

Au travail, et tous, bannissant le scepticisme pour reprendre la Foi en notre Pays qui nous a conduits à la Victoire,

Dans un élan de nos énergies, haussons-nous à la hauteur des temps [*voici très exactement un* sursum corda].

Pensons que la Fatalité historique est souvent faite du renoncement des Peuples.

Et une fois encore, sachons bien mériter de la Patrie et de l'Humanité.[1]

LE SALUT PUBLIC

L'orientation droitière de ce texte est évidente, et il n'annonce pas Vichy uniquement par son moralisme : le refus de l'individualisme révolutionnaire, l'insistance sur les groupements naturels, la méfiance envers l'État marquent bien, ici, la fidélité à la tradition conservatrice. Mais la tradition républicaine conduit aussi bien à l'approbation des pleins pouvoirs confiés au maréchal Pétain, au nom des exigences jacobines du salut public. Il n'est que d'écouter le discours inaugural du congrès de l'UF en 1938, discours que Pichot prononce à Nice, sur la promenade des Anglais, devant dix mille combattants (extraits) :

Ce que les Français ont fait ils peuvent le faire encore : il leur suffit de le vouloir et de se plier aux lois éternelles qui font les peuples forts. Nous sommes un peuple libre ; mais la victoire sur nous-mêmes, sur nos abandons passagers et nos erreurs trop faciles, viendra de notre soumission féconde à l'esprit de salut public :

— Salut public ! Pas de liberté sans ordre et sans discipline ; la sauvegarde de la liberté est dans la modération des hommes et la sagesse des peuples : un peuple ne perd sa liberté que quand il n'a pas su s'en servir ;

— Salut public ! C'est dans le travail, dans la création continue, qu'est la vraie richesse des hommes et des nations, dans l'alliance indissoluble de l'esprit qui conçoit et calcule et de la main qui exécute ; hors de là, nulle espérance, car il n'y a pas de sécurité dans le travail s'il n'y a pas conscience dans le travail ;

— Salut public ! Salut public ! Rien ne s'enfante, ne se conserve et ne se transmet que par l'union citoyenne, dans la paix civile et la fraternité sociale. Malheur aux peuples qui se déchirent eux-mêmes ; ils s'offrent en proie aux États sans conscience ! Français, qui dites que le péril ressusciterait l'Union, laissez-moi vous dire qu'il faut faire l'union avant le péril, parce que c'est l'union qui interdira le péril !

Amour de la liberté, respect de l'ordre, conscience dans le travail, souci de la justice et sentiment de confraternité nationale, voilà les colonnes inébranlables d'une France unanime.

Soldats et concitoyens, nous ne craignons pas de confesser devant le monde notre devoir. Seuls, les peuples majeurs vivent dans la lumière et finissent par conquérir la vérité ; Français que nous sommes, à nous de prouver, dédaigneux de vaines paroles, que la démocratie puise en elle plus de vertu durable et pure que le commandement simpliste et rude d'un seul, qu'il s'appelle homme, parti ou classe parce que la démocratie, sous peine de se renier et de se mentir à elle-même, fait confiance à la raison de l'homme, prend souci de sa dignité et se fonde sur le culte des valeurs spirituelles qui ennoblissent la vie et élèvent l'homme au-dessus de lui-même.[2]

LA RÉFORME DE L'ÉTAT

Pour les combattants, cependant, Vichy constituera un remède exceptionnel à une situation exceptionnelle. Ce régime répond, pour l'essentiel, à leurs aspirations, mais ce n'est pas exactement lui qu'ils attendaient. La tonalité de Vichy, son discours moralisateur et rassembleur, ses préoccupations sociales, s'accordent bien avec l'esprit combattant, mais les nouvelles institutions de l'État français, ou plutôt l'absence d'institutions véritables, dans ces régime qui repose sur un homme seul, ne correspondent nullement, en revanche, à l'attente des combattants.

En matière de réforme de l'État, en effet, la réflexion des combattants s'orientait dans une direction fort différente. À quelques nuances près, l'UF et l'UNC aboutissent aux mêmes conclusions et préconisent le renforcement de l'exécutif, la rationalisation du travail parlementaire, l'élargissement de la démocratie économique et sociale, mais non la fin des libertés, l'abandon du régime parlementaire ou l'abdication du suffrage universel. Il s'agit d'amender le régime, non de le renverser pour lui substituer un régime différent, inspiré d'autres principes. Même les combattants les plus audacieux, ceux qui ont préconisé le plus tôt une révision constitutionnelle, n'envisagent pas d'en finir avec la République, qui, pour eux, n'est jamais « la gueuse ». Voici, par exemple, le passage central de la motion finale du congrès interassociations organisé par la Semaine du combattant les 27 et 28 février 1932, donc bien avant le second Cartel et la période d'instabilité ministérielle qui mit à l'ordre du jour le thème de la réforme de l'État :

Constatant que le pays souffre d'une crise morale, sociale, économique et politique qui sévit sur le monde entier et met la Paix en péril ;

Constatant que notre système constitutionnel ne correspond plus aux réalités d'aujourd'hui et, par là, s'avère impuissant à résoudre efficacement les problèmes actuels ;

Résolus à demeurer dans le cadre des institutions républicaines que le pays s'est données ;

Réclament une réforme de la Constitution d'après les principes suivants :

1° *L'exécutif :* doit être fort dans ses pouvoirs, limité dans ses attributions, effectivement responsable, assuré d'une stabilité indispensable à sa continuité d'action.

2° *Le législatif :* doit être indépendant, ses méthodes de travail réorganisées, sa tâche simplifiée, les lois à caractère technique étant préparées ou proposées par des organismes compétents.

3° *L'économique et le social :* doivent obtenir une représentation et une participation aux Conseils de l'État qui utilisera leur compétence tout en les contrôlant et en fixant leurs responsabilités.

4° *Une Cour suprême :* doit être instituée, chargée de juger de la conformité des lois avec la Constitution pour que la liberté de chaque citoyen ou de chaque groupement soit effectivement garantie.[3]

Ce document, qui reprend des textes antérieurs, d'audience plus limitée, montre que pour les combattants la réforme de l'État n'est pas un problème de circonstance. Sans doute se pose-t-il avec une particulière acuité au lendemain du 6 Février, mais les combattants n'ont pas attendu cet événement pour en débattre. Leur réflexion témoigne d'une profonde insatisfaction envers le fonctionnement du régime parlementaire, et les solutions qu'ils préconisent annoncent la Quatrième République, plus qu'une dictature.

Entre des dizaines de textes, je retiendrai, pour justifier cette affirmation, la motion générale du congrès national de l'UF en 1934 :

PROGRAMME GÉNÉRAL

A. RÉFORME DE L'ÉTAT

1. *Mesures constitutionnelles :*

a) La fonction de *Président du Conseil* sera dotée d'un statut :

— Le Président du *Conseil* devra être sans portefeuille. La *Présidence du Conseil* sera pourvue de services autonomes indépendants des autres services ministériels et logés dans un palais national ;

— *Le Président du Conseil* sera, en principe, mis en place au lendemain des élections législatives pour la durée de la législature ;

— Toute crise ministérielle signifiant un changement de politique générale pourra être suivie de la *dissolution* de la Chambre des Députés, le peuple, seul souverain, devant demeurer l'arbitre suprême.

b) Les *forces économiques*, régulièrement constituées en *Syndicats ou en Associations Professionnelles*, devront obtenir, par le moyen d'un *Conseil National Économique*, une représentation dans la *Région* et dans la *Nation*.

La consultation du CNE sera obligatoire et il y aura lieu d'envisager, pour le Gouvernement, la faculté de prendre, sur l'avis motivé de ce Conseil, des *décrets réglementaires*.

Le *Conseil National Économique* recevra, en outre, une mission de *conciliation, d'arbitrage* et de *juridiction* dans les questions économiques.

c) Un *Comité de Législation*, composé de parlementaires et de juristes, aura pour mission de mettre au point, avant leur vote définitif, afin qu'ils soient toujours corrects, clairs et susceptibles d'une exacte interprétation, les *textes des Lois* adoptés par le Parlement.

2. *Mesures Réglementaires :*

a) Les méthodes de travail parlementaire devront être réformées, notamment celles qui concernent les pouvoirs que se sont arrogés avec le temps les *Commissions Parlementaires ;* le droit *d'amendement* et le droit *d'initiative* en matière de *Dépenses* devront être réglementés.

b) En vue d'épurer les *mœurs parlementaires*, les mesures suivantes sont à envisager :

— *Validation* des élections par le *Conseil d'État* et non par les assemblées ;

— Réglementation des *incompatibilités professionnelles ;*

— Obligation, pour les membres des assemblées, de consacrer, pendant la durée des sessions, tout leur temps à l'exercice de leur mandat ;

— Réglementation et restriction du droit de *vote par procuration ;*

— Adoption d'un mode de *Scrutin Proportionnel avec électorat féminin et réduction du nombre des députés.*

B. VIE ÉCONOMIQUE DE LA NATION

1. *Principe :* Le *libéralisme économique intégral* a fait son temps : comme les autres libertés, la *liberté économique* doit être réglementée au nom de l'intérêt général.

2. *Applications* [...]

C. MOYENS D'ACTION

L'Union fédérale, dont déjà la propagande dans le pays a contribué puissamment au réveil d'une mystique de *solidarité nationale* et de *discipline sociale* et *civique*, persévérera dans son effort.

Elle exprime la conviction que la volonté de *Réformes*, de *Justice Sociale* et de *Redressement Économique* dans le cadre des institutions démocratiques qui anime les masses profondes de la nation pourra se concentrer rapidement à l'appel des Anciens Combattants en un programme court et substantiel de rénovation française…[4]

Ces propositions sérieuses et étudiées rendent un son bien différent des philippiques antiparlementaires auxquelles nous étions habitués. L'organisation de la présidence du Conseil ? Mais Sarraut et Blum vont bientôt la mettre en pratique. Puis ce sera, sous la Quatrième République, la procédure d'investiture distincte du président du Conseil. La dissolution sans avis préalable du Sénat ? La commission *ad hoc* de la Chambre des députés en fait la proposition en avril 1934. Certes, Doumergue est renversé en novembre pour l'avoir reprise à son compte, mais les radicaux qui protègent ainsi un peu les députés contre les citoyens ne sont pas sur ce point en accord avec l'opinion. La Quatrième République reprendra cette disposition, à quelques réserves près, et Edgar Faure l'utilisera en décembre 1955. Ses adversaires dénonceront alors la dissolution comme une sorte de coup d'État, mais leur campagne s'arrêtera rapidement : ils découvriront en effet que la dissolution est populaire. Les citoyens apprécient d'avoir à arbitrer le débat politique, et ils éprouvent la dissolution comme un renforcement de leur propre pouvoir, non comme un recul de la démocratie. Peu après, d'ailleurs, dans *La République moderne*, Pierre Mendès France préconisera le gouvernement de législature.

D'accord sur ces dispositions, l'UF et l'UNC le sont également pour réclamer un parlementarisme discipliné : la fin de l'initiative parlementaire des dépenses, la restriction du droit d'amendement, la réduction des pouvoirs du Sénat, pour l'empêcher d'enterrer les textes adoptés par la Chambre. Toutes ces mesures de bon sens figureront dans les Constitutions de 1946 ou de 1958.

Reste le renforcement des pouvoirs du Conseil économique et social. En ce domaine, la tentation du corporatisme est réelle, mais elle est généralement écartée. Les combattants, y compris ceux de l'UNC, n'envisagent pas en effet de donner à la représentation économique et sociale un pouvoir législatif. Ils sont, sur ce point, plus timides que ceux qui proposent de transformer le Sénat en une chambre économique, comme Pierre Mendès France en 1962.

Beaucoup plus modérées que celles avancées à l'époque par des hommes de droite comme Jacques Bardoux, les propositions retenues par les combattants annoncent un régime parlementaire amendé et corrigé, non un régime présidentiel. Le référendum, ou le renforcement du président de la République grâce à l'élargissement du collège chargé de l'élire, proposés par d'autres, ne sont pas retenus par les combattants. Face à un problème trop réel, hélas : l'impuissance de l'exécutif et l'inefficacité du parlementarisme, les combattants cherchent un remède sans sortir du cadre des institutions représentatives. C'est la voie que suivront les constituants de 1946, puis, devant l'impuissance de la Quatrième, des hommes comme Pierre Mendès France. La Cinquième République est née de leur échec.

Post-scriptum

J'ai accordé beaucoup d'importance, dans ce petit livre, aux opinions politiques des combattants. Elles fournissent, en effet, un témoignage précieux sur les attitudes des Français de l'entre-deux-guerres.

Il serait fâcheux, cependant, que le lecteur en conclue que le mouvement combattant était avant tout politique. C'est au contraire parce qu'il ne l'était pas qu'il est intéressant, comme témoin de l'opinion publique — si tant est que le terme ait un sens.

La déception des combattants à voir la Troisième persévérer dans ses errements n'implique donc pas que leur action ait été inutile. C'est pour eux un échec plus grave que le déclenchement d'une nouvelle guerre mondiale, alors qu'ils s'étaient tellement mobilisés en faveur de la paix. Ils n'en concluent pas pour autant qu'ils se sont dépensés en vain. Leur œuvre sociale suffit à les justifier à leurs propres yeux. Que leurs objectifs les plus ambitieux ne se réalisent pas importe moins, en définitive, que l'évidence quotidienne de la camaraderie et de l'entraide. Il ne faut pas s'imaginer les militants d'associations soucieux d'abord d'organisation internationale ou de réforme de l'État, car ils savaient ces objectifs hors de leur portée, et l'opinion publique lente à convaincre. Ces hommes simples, d'un inépuisable dévouement, avaient pour premier but de rendre service à des camarades.

C'est pourquoi je tiens à terminer ce livre, en hommage à tous ces militants obscurs, par un témoignage banal, mais émouvant dans sa simplicité. C'est une lettre d'un président d'association qui écrit au médecin-chef du centre de réforme dont il dépend, pour lui annoncer qu'il quitte son poste d'employé dans une blanchisserie-teinturerie :

Mais si mon état de santé me force à quitter mon emploi, je ne quitte pas pour cela la Présidence des Mutilés et AC. J'estime que c'est une œuvre trop belle pour qu'on puisse s'en désintéresser et puis, vous le savez, cher Monsieur M., lorsque l'on a vraiment l'âme combattante dans toute son expression du mot [*sic*] on ne peut pas laisser tomber les camarades qui ont mis en vous toute leur confiance.

Lorsque je vais faire mes tournées dans tout le département ainsi qu'aux réunions nationales à Paris et que je vois cette solidarité qui existe entre tous ceux qui ont fait la guerre et les militants que nous sommes, on se trouve heureux d'avoir pu rendre quelques services pour la cause commune.

APPENDICES

Sources et bibliographie

SOURCES

Ouvrages

AGATHON (pseud. d'Henri Massis et Alfred de Tarde), *Les Jeunes gens d'aujourd'hui. Le goût de l'action, la foi patriotique, une renaissance catholique, le réalisme politique*, Paris, Plon-Nourrit, 1913 ; rééd. Éditions de l'Imprimerie nationale, 1995, avec une présentation de Jean-Jacques Becker.

ALAIN, *Mars ou La guerre jugée*, Paris, Gallimard, 1921 ; coll. Idées n° 178, 1969 ; *Mars ou La guerre jugée suivi de De quelques-unes des causes réelles de la guerre entre nations civilisées*, coll. Folio Essais n° 262, 1995.

ALAIN, *Souvenirs de guerre*, Paris, P. Hartmann, 1937.

BARBUSSE, Henri, *Le Feu. Journal d'une escouade*, Paris, E. Flammarion, 1916 ; rééd. Payot & Rivages, 2012.

BARBUSSE, Henri, *Paroles d'un combattant. Articles et discours 1917-1920*, Paris, Flammarion, 1920.

BERNIER, Jean, *La Percée*, Paris, Albin Michel, 1920 ; rééd. Marseille, Agone, 2000.

BONNET, Georges, *L'Âme du soldat*, Paris, Payot, 1917.

BOTTI, Louis, *Avec les zouaves. De Saint-Denis à la Somme,*

Journal d'un mitrailleur, 1914-1916, Nancy/Paris/Strasbourg, Berger-Levrault, 1922 ; 2e éd. Gap, impr. Louis-Jean, 1933, avec une préface de Jean Norton Cru.

BOUTEFEU, Roger, *Les Camarades. Soldats français et allemands au combat, 1914-1918*, Paris, Fayard, 1966.

BRIDOUX, André, *Souvenirs du temps des morts*, Paris, Albin Michel, 1930.

BUTEAU, Max, *Tenir. Récits de la vie des tranchées*, Paris, Plon-Nourrit, 1918.

CAZIN, Paul, *L'Humaniste à la guerre. Hauts de Meuse 1915*, Paris, Plon-Nourrit, 1920.

CHAINE, Pierre, *Les Mémoires d'un rat*, 2e éd., Paris, D. Niestlé, 1920 ; *Les Mémoires d'un rat suivis des Commentaires de Ferdinand, ancien rat de tranchées*, Paris, Tallandier, 2008.

CHEVALLIER, Gabriel, *La Peur*, Paris, Stock, Delamain et Boutelleau, 1930 ; rééd. LGE, coll. Le Livre de poche, 2010.

Les Combattants avaient raison…, préface d'Henri Pichot, Montluçon, Éditions de la Maison du Combattant, coll. Actes et paroles des Anciens de l'autre guerre, 1940.

CRU, Jean Norton, *Témoins. Essais d'analyse et de critique des souvenirs de combattants édités en français de 1915 à 1928*, Paris, Les Étincelles, 1930 ; rééd. Presses universitaires de Nancy, 2006.

DABIT, Eugène, *Petit-Louis*, Paris, Gallimard, 1930 ; coll. L'Imaginaire n° 199, 1988.

DELAHOCHE, Jacques, *Images de guerre, efforts de paix. Souvenirs et anecdotes, 1889-1954*, Dinard, chez l'auteur, 1954.

DISTELBARTH, Paul, *La Personne France*, Paris, Alsatia, 1937.

DORGELÈS, Roland, *Les Croix de bois*, Paris, Albin Michel, 1919 ; rééd. 1996.

GENEVOIX, Maurice, *Ceux de 14* [*Sous Verdun*, *Nuits de guerre*, *La Boue*, *Les Éparges*, *Jeanne Robelin*, *La Joie*, *La Mort de près*], Paris, Éditions Omnibus, 2009.

GENEVOIX, Maurice, *Les Éparges*, Paris, E. Flammarion, 1923 ; 2e éd. 1930.

GENEVOIX, Maurice, *H.O.E.*, Paris, Les Étincelles, 1931.

GENEVOIX, Maurice, *Jeux de glaces*, Namur, Wesmaël-Charlier, 1961.

GENEVOIX, Maurice, *La Mort de près*, Paris, Plon, 1972 ; La Table ronde, 2011.

GENEVOIX, Maurice, *Sous Verdun. Août-octobre 1914*, Paris, Hachette, 1916 ; Éditions J'ai lu, 1964.

GEORGES, Bernard et TINTANT, Denise, *Léon Jouhaux. Cinquante ans de syndicalisme*, tome I. *Des origines à 1921*, Paris, PUF, 1962.

GERVAIS, André, *L'Esprit combattant*, Paris, Éditions de la *Revue des vivants*, 1927 ; 2e éd. Paris, Durassié, 1934.

GERVAIS, André, *Heureux ceux qui sont morts…*, Lyon, Éditions du Fleuve, 1926.

GRAVES, Robert, *Adieu à tout cela*, Paris, Éd. Autrement Littératures, 1998 (1re éd. Londres, 1929).

GUÉHENNO, Jean, *Journal d'un homme de 40 ans*, Paris, B. Grasset, 1934 ; rééd. Grasset, 1987.

HUOT, Louis et VOIVENEL, Paul, *La Psychologie du soldat*, Paris, La Renaissance du livre, 1918.

JUBERT, Raymond, *Verdun (mars-avril-mai 1916)*, Paris, Payot, 1918 ; rééd. Presses universitaires de Nancy, 1989.

JÜNGER, Ernst, *Orages d'acier*, Paris, Bourgois, 1970 (1re éd. Berlin, 1920).

LEHMANN, Marcel et PICHOT, Henri, « Le rôle social et l'avenir des associations de Mutilés et Anciens Combattants », *Revue hebdomadaire*, 17 et 24 mars 1923.

LINTIER, Paul, *Avec une batterie de 75. Le Tube 1233 : souvenirs d'un chef de pièce (1915-1916) précédé de Souvenirs sur Paul Lintier par Henri Béraud*, Paris, Plon-Nourrit, 1918 ; rééd. Paris, L'Oiseau de Minerve, 1998.

MAILLET, André, *Sous le fouet du destin, histoire d'une âme aux jours héroïques, 1915-1916*, Paris, Librairie académique Perrin, 1919 ; rééd. Paris, Bernard Giovanangeli, 2008.

MAIRET, Louis, *Carnets d'un combattant (11 février 1915-16 avril 1917)*, Paris, Crès, 1919.

MAROT, Jean, *Ceux qui vivent…*, Paris, Payot, 1919.

MENDÈS FRANCE, Pierre, *La République moderne. Propositions*, Paris, Gallimard, coll. Idées n° 18, 1962, nouv. éd. 1966 ; rééd. *Pour une République moderne. 1955-1962* (*Œuvres complètes*, tome IV), Gallimard, 1987.

MONTHERLANT, Henry de, *Chant funèbre pour les morts de Verdun*, Paris, Bernard Grasset, 1925.

NADEL, Henri (pseud. d'Henri Vendel), *Sous le pressoir*, Paris, Société mutuelle d'éditions, 1921.

OZOUF, Jacques et Mona, « Le thème du patriotisme dans les manuels primaires », *Le Mouvement social*, n° 49, oct.-déc. 1964, p. 5-31.

PAYOT, Jules, *La Morale à l'école*, Paris, Librairie Armand Colin, 1907.

PÉZARD, André, *Nous autres à Vauquois. 1915-1916*, Paris, La Renaissance du livre, 1930 ; rééd. Nancy, Presses universitaires de Nancy, 2001, avec une préface de Bernard Roch.

PEZET, Ernest, *Combattants et citoyens. Les combattants dans la cité branlante devant la victoire mutilée*, Paris, Spes, 1925.

REMARQUE, Erich-Maria von, *À l'Ouest rien de nouveau*, Paris, Stock, 1978 (1re éd. Berlin, 1929).

TÉZENAS DU MONTCEL, Paul, *Dans les tranchées. Journal d'un officier du 102e territorial (8 octobre 1914-2 avril 1917)*, Montbrison, Impr. Éleuthère Brassart, 1925.

VIAL, Francisque, *Territoriaux de France*, Paris/Nancy, Berger-Levrault, 1918.

Périodiques et dates
pour lesquelles ils ont été dépouillés

L'Ancien Combattant (UF, Nancy), 1919-1939.
L'Ancien Combattant (ARAC), 1919.
Après la bataille (UF), 1918-1920.
Après le combat (UF, Marseille), 1933-1935.
L'Après-guerre (UF, Rodez), 1933-1935.
Le Béquillard Meusien (Fédération Maginot), 1921-1940.
Les Cahiers de l'UF, 1931-1939.
Le Combattant (Tarbes), 1921-1939.
Le Combattant des Deux-Sèvres (UNC), 1930-1935.
Le Combattant sanglier (UNC, Ardennes), 1930-1934.
Le Cran (Semaine du Combattant), 1928-1940.
Le Fonctionnaire mutilé, 1925-1926, 1929-1936.
La France mutilée (UF), 1920-1926.
La Guerre et la Paix (UF, Orléans), 1923-1931.
Journal des mutilés et réformés, 1916-1940.
Le Mutilé (Fédération ouvrière et paysanne), 1923-1937 (lacunes).
Le Mutilé du Limousin (UF), 1929-1935.
Le Poilu d'Anjou et du Maine (UNC, Angers), 1921-1926, 1930-1935.
Le Poilu du Centre (UNC), 1920-1935.
Le Poilu dauphinois (UF, Grenoble), 1919-1920, 1930-1935.
Le Poilu de la Loire, 1920-1921, 1930-1934.
Le Poilu lozérien (Fédération Maginot), 1919-1920, 1933-1936.
Le Poilu Républicain (Fédération nationale des combattants républicains), 1923-1939.
Le Réveil des combattants (ARAC), 1931-1939.
L'UNC de Paris, 1930-1934.

L'UNMR, 1919-1939.
La Voix du combattant (UNC), 1919-1939.

ORIENTATION BIBLIOGRAPHIQUE

AUDOIN-ROUZEAU, Stéphane, *14-18, les combattants des tranchées à travers leurs journaux*, Paris, Armand Colin, 1986.

AUDOIN-ROUZEAU, Stéphane, *Les Armes et la Chair. Trois objets de mort en 1914-1918*, Paris, Armand Colin, 2009.

AUDOIN-ROUZEAU, Stéphane, *Combattre. Une anthropologie historique de la guerre moderne, XIXe-XXIe siècle*, Paris, Éditions du Seuil, 2008.

AUDOIN-ROUZEAU, Stéphane et BECKER, Annette, *14-18, retrouver la Guerre*, Paris, Gallimard, coll. Bibliothèque des Histoires, 2000 ; rééd. coll. Folio Histoire n° 125, 2003.

AUDOIN-ROUZEAU, Stéphane et BECKER, Annette, « Violence et consentement : la "culture de guerre" du premier conflit mondial », *in* Jean-Pierre Rioux et Jean-François Sirinelli (dir.), *Pour une histoire culturelle*, Paris, Éditions du Seuil, 1996, p. 251-271.

AUDOIN-ROUZEAU, Stéphane et BECKER, Jean-Jacques (dir.), *Encyclopédie de la Grande Guerre, 1914-1918. Histoire et culture*, Paris, Bayard, 2004.

AUDOIN-ROUZEAU, Stéphane et KRUMEICH, Gerd, *Cicatrices. La Grande Guerre aujourd'hui*, photographies de Jean Richardot, Paris, Tallandier, 2008.

AUDOIN-ROUZEAU, Stéphane et PROCHASSON, Christophe (dir.), *Sortir de la Grande Guerre. Le monde et l'après-1918*, Paris, Tallandier, 2008.

BACH, André, *Fusillés pour l'exemple, 1914-1915*, Paris, Tallandier, 2003.

BECKER, Annette, *La Guerre et la Foi. De la mort à la mémoire 1914-1930*, Paris, Armand Colin, 1994.

BECKER, Jean-Jacques, *L'Année 1914*, Paris, Armand Colin, 2004.

BECKER, Jean-Jacques (dir.), *Dictionnaire de la Grande Guerre*, Bruxelles, André Versaille éditeur, 2008.

BECKER, Jean-Jacques (dir.), *Guerre et cultures. 1914-1918*, Paris, Armand Colin, 1994.

BECKER, Jean-Jacques (dir.), *Histoire culturelle de la Grande Guerre*, Paris, Armand Colin, 2005. (Actes du colloque international organisé par l'Historial de la Grande Guerre à Péronne les 5, 6, 7 juillet 2002).

BECKER, Jean-Jacques, « La Première Guerre mondiale dans la mémoire des droites », *in* Jean-François Sirinelli (dir.), *Histoire des droites en France*, tome II. *Cultures*, Paris, Gallimard, coll. NRF Essais, 1992, p. 505-547.

BECKER, Jean-Jacques et KRUMEICH, Gerd (dir.), *La Grande Guerre. Une histoire franco-allemande*, Paris, Tallandier, 2008.

BOUILLON, Jacques et PETZOLD, Michel, *Mémoire figée, mémoire vivante. Les monuments aux morts*, Charenton-le-Pont, Citédis, 1999.

BOULOC, François, CAZALS, Rémy et LOEZ, André (dir.), *Identités troublées, 1914-1918. Les appartenances sociales et nationales à l'épreuve de la guerre*, Toulouse, Privat, 2011. (Actes du colloque international « 1914-1918. Les identités sociales et nationales en guerre » organisé par le Collectif de recherche et de débat international sur la guerre de 14-18 à Laon et Craonne les 12 et 13 novembre 2010)

CABANES, Bruno, *La Victoire endeuillée. La sortie de guerre des soldats français, 1918-1920*, Paris, Éditions du Seuil, 2004.

CABANES, Bruno et HUSSON, Édouard (dir.), *Les sociétés en guerre 1911-1946*, Paris, Armand Colin, 2003.

CANINI, Gérard, *Combattre à Verdun. Vie et souffrance quotidienne du soldat 1916-1917*, Nancy, Presses universitaires de Nancy, 1988.

CANINI, Gérard (dir.), *Mémoire de la Grande Guerre. Témoins et témoignages*, Nancy, Presses universitaires de Nancy, 1989.

CAZALS, Rémy et LOEZ, André, *14-18, vivre et mourir dans les tranchées*, Paris, Tallandier, 2012.

CAZALS, Rémy, PICARD, Emmanuelle et ROLLAND, Denis (dir.), *La Grande Guerre. Pratiques et expériences*, Toulouse, Privat, 2005 (Actes du colloque international tenu à Craonne et Soissons les 12 et 13 novembre 2004).

CAZALS, Rémy et ROUSSEAU, Frédéric, *14-18, le cri d'une génération. La correspondance et les carnets intimes rédigés au front*, Toulouse, Privat, 2001.

COCHET, François (dir.), *1916-2006, Verdun sous le regard du monde*, Saint-Cloud, 14-18 Éditions, 2006. (Actes du colloque de Verdun, 23 et 24 février 2006)

COCHET, François, *Survivre au front, 1914-1918. Les Poilus entre contrainte et consentement*, Saint-Cloud, 14-18 Éditions, 2005.

COCHET, François et PORTE, Rémy (dir.), *Dictionnaire de la Grande Guerre 1914-1918*, Paris, Robert Laffont, coll. Bouquins, 2008.

DELAPORTE, Sophie, *Les Gueules cassées. Les blessés de la face de la Grande Guerre*, Paris, Noêsis, 1996.

DUCASSE, André, MEYER, Jacques et PERREUX, Gabriel, *Vie et mort des Français, 1914-1918. Simple histoire de la Grande Guerre*, préface de Maurice Genevoix, Paris, Hachette, 1968.

Écrivains combattants de la Grande Guerre, Paris, Bernard Giovanangeli Éditeur, 2004.

FRIDENSON, Patrick (dir.), *1914-1918, l'autre front*, Paris, Éditions ouvrières, 1977.

HARDIER, Thierry et JAGIELSKI, Jean-François, *Combattre et mourir pendant la grande guerre (1914-1925)*, préface de Guy Pedroncini, Paris, Imago, 2001.

HORNE, John (dir.), *Vers la guerre totale. Le tournant de 1914-1915*, Paris, Tallandier, 2010.

JAGIELSKI, Jean-François, *Le Soldat inconnu. Invention et postérité d'un symbole*, Paris, Imago/Ministère de la Défense, 2005.

KEEGAN, John, *La Première Guerre mondiale*, Paris, Perrin, 2005.

KLEFF, Patrice (éd.), *Ceux de Verdun. Les écrivains et la Grande Guerre*, Paris, GF Flammarion, 2001.

LAISNÉ, Jacqueline, *Fusillés pour l'exemple. Les caporaux de Souain, le 17 mars 1915*, Saint-Cyr-sur-Loire, Alain Sutton, 2002.

LOEZ, André, *14-18 Les refus de la guerre. Une histoire des mutins*, Paris, Gallimard, coll. Folio Histoire n° 174, 2010.

LOEZ, André et MARIOT, Nicolas (dir.), *Obéir/désobéir. Les mutineries de 1917 en perspective*, Paris, La Découverte, 2006.

MEYER, Jacques, *La Vie quotidienne des soldats pendant la Grande Guerre*, Paris, Hachette, 1991.

MOSSE, George Lachmann, *De la Grande Guerre au totalitarisme. La brutalisation des sociétés européennes*, préface de Stéphane Audoin-Rouzeau, Paris, Hachette Littératures, 2009.

NICOT, Jean (éd.), *Les Poilus ont la parole. Dans les tranchées, lettres du front, 1917-1918*, préface d'André Bach et Guy Pedroncini, Bruxelles, Éditions Complexe, 1998.

OFFENSTADT, Nicolas, *14-18 aujourd'hui. La Grande Guerre dans la France contemporaine*, Paris, Odile Jacob, 2010.

OFFENSTADT, Nicolas (dir.), *Le Chemin des Dames. De l'événement à la mémoire*, Paris, Perrin, 2012.

OFFENSTADT, Nicolas, *Les Fusillés de la Grande Guerre et la mémoire collective. 1914-2009*, Paris, Odile Jacob, 2009.

PEDRONCINI, Guy, « Les cours martiales pendant la Grande Guerre », *Revue historique*, 512, octobre-décembre 1974, p. 393-408.

PEDRONCINI, Guy, *Les Mutineries de 1917*, Paris, PUF, 1967 ; nouv. éd. 1999.

PERREUX, Gabriel, *La Vie quotidienne des civils en France pendant la Grande Guerre*, Paris, Hachette, 1966.

PROCHASSON, Christophe et RASMUSSEN, Anne, *Au nom de la patrie. Les intellectuels et la Première Guerre mondiale, 1910-1919*, Paris, La Découverte, 1996.

PROCHASSON, Christophe et RASMUSSEN, Anne (dir.), *Vrai et faux dans la Grande Guerre*, Paris, La Découverte, 2004.

PROST, Antoine et WINTER, Jay Murray, *Penser la Grande Guerre. Un essai d'historiographie*, Paris, Éditions du Seuil, 2004.

PROST, Antoine, *Les Anciens Combattants et la société française, 1914-1939* (tome I. *Histoire*, tome II. *Sociologie*, tome III. *Mentalités et idéologies*), Paris, Presses de la Fondation nationale des sciences politiques, 1977.

PROST, Antoine, « Les limites de la brutalisation : tuer sur le front occidental, 1914-1918 », *Vingtième siècle, revue d'histoire*, 81, janvier-mars 2004, p. 5-20.

PROST, Antoine, « Les monuments aux morts. Culte républicain ? Culte civique ? Culte patriotique ? », *in* Pierre Nora (dir.), *Les Lieux de mémoire*, tome I, *La République*, Paris, Galliamrd, 1984, p. 195-225.

ROUSSEAU, Frédéric, *La Guerre censurée. Une histoire des combattants européens de 14-18*, Paris, Éditions du Seuil, 1999.

ROUSSEAU, Frédéric, *Le Procès des témoins de la Grande Guerre. L'affaire Norton Cru*, Paris, Éditions du Seuil, 2003.

WINTER, Jay Murray, *Entre deuil et mémoire. La Grande Guerre dans l'histoire culturelle de l'Europe*, préface d'Antoine Prost, Paris, Armand Colin, 2008.

WINTER, Jay Murray, *La Première Guerre mondiale* (tome I. *Combats*, tome II. *États*, tome III. *Sociétés*), Paris, Fayard, 2013 et 2014.

WINTER, Jay Murray et BAGGETT, Blaine, *14-18. Le grand bouleversement*, Paris, Presses de la Cité, 1997.

Notes

PRÉSENTATION

1. *Les Anciens Combattants et la société française, 1914-1939*, 3 vol., Paris, Presses de la Fondation nationale des sciences politiques, 1977.

I

LE SOUVENIR

1. Maurice Genevoix, *La Mort de près*, Paris, Plon, 1972.

2. *Ibid.*, p. 18-19.

3. André Pézard, *Nous autres à Vauquois. 1915-1916*, Paris, La Renaissance du livre, 1930, p. 55 (un des meilleurs récits de guerre).

4. Nous remercions vivement Louis Henri Parias, qui nous a autorisé à consulter 425 témoignages inédits, d'un poids de 45 kg. Ces témoignages ont été adressés à Roger

Boutefeu pour son livre *Les Camarades. Soldats français et allemands au combat, 1914-1918* (Paris, Fayard, 1966), à la suite d'une annonce publiée dans de nombreux journaux de province. Nous avons cité successivement les témoignages de MM. Louis Martin (Les Mars, Creuse) et Brunaud (hôtelier à Chénérailles).

5. Francisque Vial, *Territoriaux de France*, Paris/Nancy, Berger-Levrault, 1918, p. 58.

6. Jean Bernier, *La Percée*, Paris, Albin Michel, 1920, p. 58.

7. En août 1916. Témoignage recueilli par Roger Boutefeu.

8. Jean Bernier, *op. cit.*, p. 76.

9. Maurice Genevoix, *La Mort de près*, *op. cit.*, p. 48.

10. M. Casimir-Ludovic Bernadie, Gorses (Lot), document Boutefeu. J'ai scrupuleusement respecté l'orthographe du document.

11. M. Camille Moyniez, 67e R.I., 1er Bat., 3e Cie ; document Boutefeu.

12. M. Casimir-Ludovic Bernadie, déjà cité.

13. Gabriel Chevallier, *La Peur*, Paris, Stock, Delamain et Boutelleau, 1930, p. 202-203.

14. André Maillet, *Sous le fouet du destin, histoire d'une âme aux jours héroïques, 1915-1916*, Paris, Librairie Académique Perrin, 1919, p. 89.

15. Jean Bernier, *op. cit.*, p. 53.

16. M. Charles Gavrois, document Boutefeu.

17. Jean Marot, *Ceux qui vivent*..., Paris, Payot, 1919, p. 152.

18. Jean Norton Cru, dans *Témoins. Essais d'analyse et de critique des souvenirs de combattants édités en français de 1915 à 1928*, Paris, Les Étincelles, 1930, donne à Genevoix « le premier rang, sans conteste » (p. 144).

19. M. L. Menudier, 34 *bis*, rue de Dunkerque, Paris Xe, document Boutefeu.

20. Maurice Genevoix, *Jeux de glaces*, Namur, Wes-

maël-Charlier, 1961, p. 49. Voir cet épisode dans *Sous Verdun*, Paris, Éditions J'ai lu, 1964, p. 62.

21. M. Daniel Pechmalbec, Albi, document Boutefeu.

22. Maurice Genevoix, *La Mort de près, op. cit.*, p. 59.

23. Jean Bernier, *op. cit.*, p. 68.

24. Jean Norton Cru, *op. cit.*, p. 226.

25. M. Léon Schulze, La Chapelle-Montligeon, document Boutefeu.

26. Jean Norton Cru, *op. cit.*, p. 184.

27. Pierre Chaine, *Les Mémoires d'un rat*, 2e éd., Paris, D. Niestlé, 1920, p. 102.

28. Lettre non datée, conservée à la Bibliothèque nationale dans le dossier des correspondances du *Feu.*

29. Gabriel Chevallier, *op. cit.*, p. 262.

30. Alain, *Mars ou La guerre jugée*, Paris, Gallimard, coll. Idées n° 178, 1964, p. 93-94.

31. Il s'agit du *Journal des mutilés*, en vente dans tous les kiosques. En 1930, il tirait à 405 000 exemplaires et comptait 121 204 abonnés.

32. Alain, *Souvenirs de guerre*, Paris, P. Hartmann, 1937, p. 13.

33. André Bridoux, *Souvenirs du temps des morts*, Paris, Albin Michel, 1930, p. 32.

34. Maurice Genevoix, *H.O.E.*, Paris, Les Étincelles, 1931.

35. *Congrès UF 1930*, p. 202.

36. Jean Guéhenno, *Journal d'un homme de quarante ans*, Paris, Bernard Grasset, 1934, p. 162.

37. M. Dubuis, Roanne, document Boutefeu.

38. André Bridoux, *op. cit.*, p. 231-233.

39. Henry de Montherlant, *Chant funèbre pour les morts de Verdun*, Paris, Bernard Grasset, 1925, p. 86.

40. Paul Cazin, *L'Humaniste à la guerre. Hauts de Meuse 1915*, Paris, Plon-Nourrit, 1920, p. 163.

41. M. Paul Ricadat, Saint-Satur (Cher), document Boutefeu.

42. Paul Ducasse, document Boutefeu.

43. Louis Huot et Paul Voivenel, *La Psychologie du soldat*, Paris, La Renaissance du livre, 1918, p. 140 et p. 143.

44. Louis Botti, *Avec les zouaves. De Saint-Denis à la Somme, Journal d'un mitrailleur, 1914-1916*, Gap, impr. Louis-Jean, 1933, cité par Jean Norton Cru, *op. cit.*, p. 95.

45. Jean Norton Cru, *op. cit.*, p. 181.

46. André Bridoux, *op. cit.*, p. 67.

47. Jean Bernier, *op. cit.*, p. 216.

48. Jean Marot, *op. cit.*, p. 21-22.

49. Alain, *Mars ou La guerre jugée*, *op. cit.*, p. 122.

50. Henri Nadel, *Sous le pressoir*, Paris, Société mutuelle d'éditions, 1921, p. 62.

51. Raymond Jubert, *Verdun (mars-avril-mai 1916)*, Paris, Payot, 1918, p. 90.

52. Paul Lintier, *Avec une batterie de 75. Le Tube 1233 : souvenirs d'un chef de pièce (1915-1916)*, Paris, Plon-Nourrit, 1918, p. 189.

53. Max Buteau, *Tenir. Récits de la vie des tranchées*, Paris, Plon-Nourrit, 1918, p. 119-120.

54. André Gervais, *Heureux ceux qui sont morts*, Lyon, Éditions du Fleuve, 1926, p. 147.

55. Eugène Dabit, *Petit-Louis*, Paris, Gallimard, 1930, p. 248.

56. Paul Distelbarth, *La Personne France*, Paris, Alsatia, 1937. Paul Distelbarth a beaucoup fréquenté les milieux combattants des années 1930 et il a pris la parole dans de nombreux meetings pacifistes.

57. Jean Marot, *op. cit.*, p. 116.

58. André Bridoux, *op. cit.*, p. 50.

59. Alain, *Mars ou La guerre jugée*, *op. cit.*, p. 153.

60. Robert Fernier, document Boutefeu.

61. Jean Marot, *op. cit.*, p. 234-235.

62. Louis Huot et Paul Voivenel, *op. cit.*, p. 141.

63. Jean Norton Cru, *op. cit.*, p. 420.

64. Georges Bonnet, *L'Âme du soldat*, Paris, Payot, 1917, p. 46.

65. *Ibid.*, p. 127.

66. *Ibid.*, p. 43.

67. Paul Tézenas du Montcel, *Dans les tranchées. Journal d'un officier du 102e territorial (8 octobre 1914-2 avril 1917)*, Montbrison, Impr. Éleuthère Brassart, 1925.

68. Lieutenant Champeaux, document Boutefeu.

69. Louis Mairet, *Carnets d'un combattant (11 février 1915-16 avril 1917)*, Paris, Crès, 1919, cité par Jean Norton Cru, *op. cit.*, p. 192.

II

LE MOUVEMENT COMBATTANT

1. *Journal des mutilés*, 1.3.17.

2. *Ibid.*, 18.8.17.

3. *Ibid.*, 1.4.17.

4. Lettre du préfet au ministre de l'Intérieur en date du 26.9.18, Archives nationales, F 7/13243.

5. Procès-verbaux des conseils d'administration des Mutilés du Loiret, 1.4.17.

6. *Le Poilu lozérien*, septembre 1919.

7. Rapport du 17.3.19, Archives nationales, F 7/13243.

8. L'AGMG, qui dépasse la FN et l'UNMR, compte à la même époque 34 700 adhérents.

9. Compte rendu sténographique : *Le Conseil national des 23-24 novembre 1929*, Paris, Confédération nationale des Anciens Combattants et victimes de la guerre, Impr. Durassié, s.d., 72 p.

10. La ligue des Droits du religieux ancien combattant (ligue DRAC) s'est fondée en 1924 pour résister à la politique laïque du Cartel.

11. Pour tout ce développement, dont les chiffres diffèrent sensiblement de ceux généralement admis, la seconde partie de notre thèse fournit les justifications nécessaires.

III

ANTIMILITARISME ET PACIFISME

1. *Le Poilu dauphinois* (UF, Grenoble), décembre 1932, janvier 1933.

2. Georges Pineau, *La Voix du combattant* (hebdomadaire national de l'UNC), 10.9.32.

3. Hubert-Aubert, *ibid.*, 29.10.24.

4. Paul Distelbarth, *op. cit.*, p. 302.

5. Guy Pedroncini, *Les Mutineries de 1917*, Paris, PUF, 1967, p. 150, note 3.

6. Louis Huot et Paul Voivenel, *op. cit.*, p. 127.

7. Eugène Morel, lettre à Léon Jouhaux du 21.12.34, cité par Bernard Georges et Denise Tintant, *Léon Jouhaux. Cinquante ans de syndicalisme*, Paris, PUF, 1962, p. 509.

8. Maurice Genevoix, *H.O.E.*, *op. cit.*, p. 60-61.

9. M. Robert Fernier, déjà cité, document Boutefeu.

10. *Journal des mutilés*, 20.12.19.

11. Alain, *Mars ou La guerre jugée*, *op. cit.*, p. 135-136.

12. Henri Pichot, *Journal des mutilés*, 28.11.25.

13. Maurice Genevoix, *Les Éparges*, Paris, E. Flammarion, 1923 (1re éd.), p. 226.

14. M. Paul Larrieu, document Boutefeu.

15. Sur toutes ces affaires, voir les ouvrages d'André Bach, Nicolas Offenstadt et Guy Pedroncini cités dans la bibliographie.

16. *L'UNMR*, mai 1926.

17. *Congrès UF 1922*, p. 309-310. Toute la discussion est intéressante.

18. *La Guerre et la Paix* (UF, Loiret), avril 1928.

19. Alain, *Mars ou La guerre jugée*, *op. cit.*, p. 242.

20. *Journal des mutilés*, 12.7.19.

21. *Le Combattant* (Tarbes), 10.11.21.

22. *Ibid.*, 1.11.22.

23. *La France mutilée* (hebdomadaire national de l'UF), 29.10.22.

24. *Congrès UF 1922*, p. 290 *sq*.

25. *Journal des mutilés*, 14.10.22.

26. Robert Durand (dir.), *La Lutte des travailleurs de chez Renault racontée par eux-mêmes. 1912-1944 : la Résistance*, Paris, Éditions sociales, 1971, p. 140.

27. Cet hymne des *Chants du crépuscule* est souvent gravé au dos des monuments aux morts.

28. Ce monument, qui résume bien l'attitude d'une génération formée par les instituteurs de la République, nous a été aimablement signalé par Maurice Agulhon.

29. *Le Béquillard Meusien* (FN, Meuse), novembre 1926.

30. *Ibid.*, novembre 1921.

31. *Le Combattant du Pas-de-Calais* (UF), 15.5.22.

32. *Ibid.*, 10.10.27.

33. *Journal des mutilés*, 27.3.26.

34. *La Voix du combattant*, 13.8.32.

35. *L'UNC de Paris*, novembre 1932.

36. Supplément au *Poilu dauphinois*, janvier 1931.

37. *Le Poilu du Centre* (UNC, Puy-de-Dôme), mars 1932.

38. *Le Combattant sanglier* (UNC, Ardennes), mars 1932.

39. Paul Distelbarth, *op. cit.*, p. 355.

40. *Le Poilu Républicain*, décembre 1933, février 1934, mars 1934, etc.

41. *Le Fonctionnaire mutilé*, avril-mai 1936.

42. *Le Mutilé* (organe de la FOP), janvier 1928.

43. *La Voix du combattant*, 13.10.28.

44. *Les Cahiers de l'UF*, 20.6.37.

45. *Ibid.*, 10.11.38.

46. Alain, *Mars ou La guerre jugée*, *op. cit.*, p. 161 et p. 253.

47. *Le Poilu dauphinois*, septembre 1932. Le passage d'Alain cité dans cet article est tiré de *Mars ou La guerre jugée*, *op. cit.*, propos CXI, « Vouloir », p. 248.

IV

LE PATRIOTISME COMBATTANT

1. Conférence au congrès de l'Union ornaise des mutilés en 1931. *Journal des mutilés*, 3.5.31.

2. *Le Combattant sanglier*, février 1932.

3. Jacques Delahoche, *Images de guerre, efforts de paix. Souvenirs et anecdotes, 1889-1954*, Dinard, chez l'auteur, 1954, p. 93.

4. *Les Nations*, juin 1917 : « Pourquoi te bas-tu ? »

5. *L'Ancien Combattant* (ARAC), juillet 1919.

6. Georges Lebecq, discours au meeting de Wagram, *La Voix du combattant*, 21.10.33.

7. M. Albert Cruchard, document Boutefeu.

8. Alain, *Mars ou La guerre jugée*, *op. cit.*, p. 169.

9. *Le Combattant sanglier*, mai 1930.

10. M. Henry Durand, document Boutefeu.

11. *Le Mutilé du Limousin* (UF, Limoges), novembre 1930.

12. Paul Galland, *La Voix du combattant*, 21.10.33.

13. *Le Combattant sanglier*, novembre 1931.

14. *Ibid.*, juin 1932.

15. Louis Duvet, *Le Combattant du Pas-de-Calais*, 15.5.22.

16. *La Voix du combattant*, 21.10.33.

17. Henri Pichot, rapport au congrès UF de 1935, in *Les Combattants avaient raison*, Montluçon, Éditions de la Maison du Combattant, 1940, p. 204.

18. *Les Cahiers de l'UF*, 15.8.36.

19. Fleury Cresson, *Le Combattant du Pas-de-Calais*, 10.8.27.

20. Louis Schaepelynck, *Le Poilu du Centre*, novembre 1926.

21. Circulaire du 5 juillet 1890.

22. Henri Pichot, *Les Cahiers de l'UF*, 15.7.39.

23. Henri Barbusse, article paru dans *L'Œuvre* en 1917, repris dans *Paroles d'un combattant. Articles et discours 1917-1920*, Paris, Flammarion, 1920, p. 27.

24. *La France mutilée*, 19.11.22.

25. Louis Duvet. *Le Combattant du Pas-de-Calais*, 15.5.22.

26. Maurice Robert, *La France mutilée*, 19.11.22.

27. L'anecdote est racontée dans un manuscrit inédit de Pichot, conservé dans ses papiers, intitulé « Et ce fut quand même la guerre ». Nous remercions le fils d'Henri Pichot, Pierre Pichot, de nous avoir autorisé à consulter ces documents conservés désormais aux Archives nationales, 43 AS.

28. *Congrès UF 1922*, p. 421-422.

29. René Cassin, *La France mutilée*, 19.11.22.

30. Appel publié dans *Le Poilu du Centre*, février 1924.

31. Léon Berthier, *La Voix du combattant*, 21.10.33.

32. « La patrie que les enfants doivent aimer, c'est, assurent les manuels, la France et la République » (Jac-

ques et Mona Ozouf, « Le thème du patriotisme dans les manuels primaires », *Le Mouvement social*, n° 49, oct.-déc. 1964, p. 5-31).

33. Cité par *Le Combattant sanglier*, décembre 1933.

34. Jules Payot, *La Morale à l'école*, Paris, Librairie Armand Colin, 1907, p. 221-223.

V

LA POLITIQUE DES COMBATTANTS : RHÉTORIQUE ET MORALE

1. *Congrès UF 1922*, p. 424-425.

2. Ernest Pezet, discours au congrès de Vichy, repris dans *Combattants et citoyens. Les combattants dans la cité branlante devant la victoire mutilée*, Paris, Spes, 1925, p. 42-43.

3. Ernest Pezet, *La Voix du combattant*, 10.6.23.

4. Humbert Isaac, « L'Éveil des consciences », *La Voix du combattant*, 28.10.23.

5. Camille Héline, *Les Cahiers de l'UF*, 25.3.39.

6. Appel encarté dans *La Voix du combattant*, 31.3.34.

7. Léon Viala, *Les Cahiers de l'UF*, 10.1.37.

8. Aimé Goudaert, *La Voix du combattant*, 9.11.35.

9. André Gervais, *L'Esprit combattant*, Paris, Éditions de la *Revue des vivants*, 1927 (2e éd. Durassié, 1934).

10. AC n° 7645, *Le Cran*, mai 1930.

11. *L'Ancien Combattant* (ARAC), mai 1919.

12. *Le Combattant sanglier*, mai 1930.

13. *La Voix du combattant*, 25.3.23.

14. *L'Ancien Combattant* (ARAC), juillet 1919.

15. Discours du président de l'Association des AC de

Mur-de-Barrez (Aveyron), M. Guitard, à l'Assemblée générale du 10 juin 1932, *L'Après-guerre* (UF, Rodez), octobre 1932.

16. Marcel Lehmann et Henri Pichot, « Le rôle social et l'avenir des associations de Mutilés et Anciens Combattants », *Revue hebdomadaire*, 17 et 24 mars 1923. Nous citons p. 491.

17. Louis Bouffard, *Le Combattant du Pas-de-Calais*, 10.9.27.

18. *Ibid.*, 15.9.25.

19. Georges Pineau, « L'esprit combattant », *La Voix du combattant*, 11.11.27.

20. Rapport du 23 avril 1919, Archives nationales, F 7/13243.

21. Georges Bonnet, *op. cit.*, p. 261-262 et p. 241. L'article cité de Guillaume de Tarde a paru dans *L'Opinion* du 15.1.17.

22. Georges Pineau, *La Voix du combattant*, 29.4.23.

23. Dr Delore, *ibid.*, 29.7.33.

VI

LA POLITIQUE DES COMBATTANTS : LES CLASSES MOYENNES ET LE RÉGIME

1. Humbert Isaac, « La Voie du Salut », *La Voix du combattant*, 29.12.34.

2. Henri Pichot, *Les Cahiers de l'UF*, 15.5.34.

3. Pierre Franchard, *La Voix du combattant*, 2.2.35.

4. Paul Patou, *Le Combattant du Pas-de-Calais*, 1.4.24.

5. C. Montreuille, *ibid.*, novembre 1926.

6. Fleury Cresson, *ibid.*, 10.8.28.

7. *Journal des mutilés*, 6.12.36. Cet appel fut tiré et diffusé sous forme de tract par la Confédération.

8. *Ibid.*, 28.11.25.

9. Cet article a été reproduit par des journaux de province, notamment par *Le Combattant du Pas-de-Calais*, janvier 1926.

10. Marcel Lehmann, « L'Étau », *Journal des mutilés*, 9.1.26.

11. Victor Beauregard, *La Voix du combattant*, 5.5.28.

12. Henri Pichot, *Les Cahiers de l'UF*, 15.4.35.

13. *Le Combattant sanglier*, avril 1933.

14. Henri Pichot, « Partis et politiciens », *Journal des mutilés*, 16.6.23.

15. Georges Pineau, *Le Poilu du Centre*, décembre 1933.

16. Paul Patou, *Le Combattant du Pas-de-Calais*, 5.1.24.

17. Paul Vaillant, *La France mutilée*, 16.3.24.

18. Paul Galland, *La Voix du combattant*, 1.1.27.

19. Hubert-Aubert, *ibid.*, 12.12.25.

20. J. Vèze, *Le Poilu du Centre*, mai 1925.

21. Paul Patou, *Le Combattant du Pas-de-Calais*, 5.1.24.

22. Gaston Vidal, alors président en exercice de l'UF, dans le premier hebdomadaire national de celle-ci, *Après la bataille*, 9.11.19.

23. Victor Beauregard, *La Voix du combattant*, 5.9.25.

24. Abbé Bernard Secret, *La France mutilée*, citée par *Le Poilu du Centre*, janvier 1924.

25. Adet, *Après le combat* (UF, Marseille), juillet 1935.

26. Paul Galland, *La Voix du combattant*, 1.1.27.

27. Hubert-Aubert, *La Voix du combattant*, 15.10.38.

28. Laurent Coupiac, *L'Après-guerre*, juillet 1934.

29. Léon Viala, *Les Cahiers de l'UF*, 10.10.38.

30. Hubert-Aubert, *La Voix du combattant*, 16.1.37.

31. André Wilhelm, *L'Ancien Combattant* (UF, Nancy), 15.2.26.

32. Mourton, *Le Poilu du Centre*, mars 1934.

33. Paul Patou, *Le Combattant du Pas-de-Calais*, 5.1.24.

34. *La Tribune de Nice* (UF), 25.9.19.

35. Abbé Bernard Secret, *La France mutilée*, citée par *Le Poilu du Centre*, janvier 1924.

36. Henri Pichot, *Journal des mutilés*, 16.10.38.

37. Les références seraient ici innombrables, tant cette formule revient constamment dans la presse combattante.

38. *Le Poilu de la Loire* (Semaine du combattant), mars 1931.

39. Henri Pichot, *Les Cahiers de l'UF*, 1-15.8.34.

40. Henri Pichot, *ibid.*, 15.11.34.

41. J. Vèze, *Le Poilu du Centre*, mai 1925.

42. Commandant Du Plessis, *Le Poilu d'Anjou et du Maine* (UNC), juillet 1921.

43. A. Loez, *Le Combattant des Deux-Sèvres* (UNC), septembre 1934.

44. *Le Réveil des combattants* (ARAC), 11 avril-10 mai 1935.

45. *Ibid.*, 11 février-10 mars 1936.

46. Émile Taudières, *La Voix du combattant*, 23.5.25.

47. *Le Poilu de la Loire*, février 1931.

48. *Revue politique et parlementaire*, 10.7.34, article anonyme.

49. Henri Pichot, rapport au conseil fédéral de l'UF du 11.3.34, *Les Cahiers de l'UF*, 15.3.34.

50. J. Panhaleux, « Révisons la constitution », *Le Poilu Républicain*, décembre 1933.

51. A.-J. Fonteny, « Et maintenant ? », *ibid.*, février 1934.

CONCLUSION

PRÉFACE À VICHY
ET À LA QUATRIÈME RÉPUBLIQUE

1. *La Voix du combattant*, 21.10.33.
2. Henri Pichot, discours inaugural du congrès de Nice, cité dans *Les Combattants avaient raison*, *op. cit.*, p. 224-225.
3. *Le Poilu de la Loire*, 10.3.32.
4. *Les Combattants avaient raison*, *op. cit.*, p. 140-141.

Index

APPENDICES

DU MÊME AUTEUR

LA CGT À L'ÉPOQUE DU FRONT POPULAIRE, 1934-1939, Armand Colin, 1964.

LES ANCIENS COMBATTANTS ET LA SOCIÉTÉ FRANÇAISE, 1914-1939, 3 vol., Presses de la Fondation nationale des sciences politiques, 1977.

ÉLOGE DES PÉDAGOGUES, Éditions du Seuil, 1985.

LES COMMUNISTES FRANÇAIS DE MUNICH À CHÂTEAUBRIANT. 1938-1941 (dir. avec Jean-Pierre Rioux et Jean-Pierre Azema), Presses de la Fondation nationale des sciences politiques, 1987.

LES NATIONALISATIONS DE LA LIBÉRATION. De l'utopie au compromis (dir. avec Claire Andrieu et Lucette Le Van), Presses de la Fondation nationale des sciences politiques, 1987.

ÉLOGE DES PÉDAGOGUES, Éditions du Seuil, coll. Points Actuels n° 93, 1990.

L'ENSEIGNEMENT S'EST-IL DÉMOCRATISÉ ? Les élèves des lycées et collèges de l'agglomération d'Orléans de 1945 à 1980, Presses universitaires de France, 2e éd., 1992.

ÉDUCATION, SOCIÉTÉ ET POLITIQUES. Une histoire de l'enseignement en France, de 1945 à nos jours, Éditions du Seuil, 1997 ; coll. Points Histoire n° 242, 1997.

LE PARTI SOCIALISTE ENTRE RÉSISTANCE ET RÉPUBLIQUE (dir. avec Serge Berstein, Frédéric Cépède et Gilles Morin), Publications de la Sorbonne, 2001.

PENSER LA GRANDE GUERRE. Un essai d'historiographie (avec Jay Winter), Éditions du Seuil, coll. Points Histoire n° 336, 2004.

L'ÉCOLE ET LA FAMILLE DANS UNE SOCIÉTÉ EN MUTATION, DEPUIS 1930, Perrin, Tempus n° 71, 2004.

LA GRANDE GUERRE EXPLIQUÉE À MON PETIT-FILS, Éditions du Seuil, 2005.

AUTOUR DU FRONT POPULAIRE. Aspects du mouvement social au XXe siècle, Éditions du Seuil, 2006.

REGARDS HISTORIQUES SUR L'ÉDUCATION EN FRANCE. XIXe-XXe siècles, Belin, 2007.

PETITE HISTOIRE DE LA FRANCE. De la Belle Époque à nos jours, Armand Colin, 2009.

DOUZE LEÇONS SUR L'HISTOIRE, Points, coll. Points Histoire n° 225, 2010.

RENÉ CASSIN ET LES DROITS DE L'HOMME. Le projet d'une génération (avec Jay Winter), Fayard, 2011.

RÉFORMER L'ÉCOLE. L'apport de l'éducation nouvelle, 1930-1970 (dir. avec Laurent Gutierrez et Laurent Besse), Presses universitaires de Grenoble, 2012.

LE MOMENT 1940. Effondrement national et réalités locales (dir. avec Pierre Allorant et Noëlline Castagnez), L'Harmattan, 2012.

DU CHANGEMENT DANS L'ÉCOLE, Les réformes de l'éducation de 1936 à nos jours, Éditions du Seuil, 2013.

LA GRANDE GUERRE EXPLIQUÉE EN IMAGES, Éditions du Seuil, 2013.

Composition Nord Compo
Impression Novoprint
à Barcelone, le 23 janvier 2014
Dépôt légal : janvier 2014

ISBN 978-2-07-045648-2./Imprimé en Espagne.

260831